추천사

● **우리에게** 로고스와 둘로스 선교선으로 잘 알려진 오엠선교회의 설립자 조지 버워는 '복음을 전하고자 하는 열망이 넘치는' 하나님의 사람입니다. 1968년, 어바나 선교 대회에서 대학 청년들에게 "신앙은 관념적이 아니라 실제적"이라며 영적 각성과 헌신을 강력하게 역설했습니다. 그 동일한 모습으로 지금까지 살아온 바로 그 메시지와 증언이 이 책에 생생하게 녹아 있습니다. 주님께서는 지금도 동일한 은혜로 역사하시며, 우리가 세계복음화를 위해 동참하고 헌신하기를 원하십니다. 그 부르심에 도전받고 기꺼이 헌신하는 여러분이 되길 바라며 이 책을 추천합니다.

정필도_수영로교회 원로목사

● **십자가는** 위대한 구원의 능력입니다. 그러나 이 시대는 그 능력을 상실했습니다. 오늘날 이 시대는 진정 '빛'으로 행하는 하나님의 사람을 목말라하고 있습니다. 하나님께서 이 시대와 세계의 수많은 사람들을 주님 앞으로 인도하는 빛으로 조지 버워를 보내 주심을 감사드립니다. 그는 뜨거운 열정으로 복음의 밀알이 되기 위해 늘 무릎을 꿇어 기도했으며, 자신의 모든 삶을 주님께 철저하게 드리고 헌신했습니다. 마지막 시대에 그리스도의 향기가 되기 원하는 모든 이들에게 이 책을 적극 권합니다. 조지 버워의 삶과 간증을 통해 도전받고 우리 모두가 어두운 세상에 복음의 빛이 되어 바다와 대륙을 넘어 온 열방으로 나아가길 소원합니다.

김창근_무학교회 담임목사, 한국오엠 전 이사장

● **평생을** 교회를 섬기며 목회자로 살아온 나에게 선교는 늘 마음속에 갚아야 할 빚이었습니다. 교회의 궁극적 목적은 그 처음과 마지막이 복음전파요 선교라고 믿습니다. 그런 의미에서 조지 버워의 삶과 그의 뜨거운 선교 열정은 큰 도전이 되고 귀감이 됩니다. 그는 회심하자마자 복음전

파를 위해 혼신을 다해 왔고, 역경과 연약함에도 흔들리지 않는 선교 비전을 붙잡고 살아온 영적 거인입니다. 이제 자신의 리더십을 다음세대에 성공적으로 이양하고 세계선교의 아름다운 영적 유산을 남기고 있습니다. 선한 싸움을 싸우고 믿음의 경주를 달려가는 그의 삶과 간증이 독자 여러분 모두에게 주님의 놀라운 은혜와 축복이 되리라 믿으며 이 책을 기쁘게 추천합니다.

조일래_수정교회 담임목사, 기독교대한성결교회 총회장

    • **조지 버워는** 세계선교를 위해 주님께 쓰임 받는 이 시대의 훌륭한 선교 지도자입니다. 세계 각국의 수많은 교회와 젊은이들이 선교에 동참하고 헌신하도록 열정적인 메시지를 전해 왔습니다. 그의 기도와 하나님께 받은 비전으로 시작한 오엠의 역사와 간증을 읽으며 깊은 감동과 은혜를 받을 것입니다. 저자는 이 책에서 자신의 연약함과 실패의 아픔을 진솔하게 나누며 동시에 회복시켜 주시는 주님의 능력을 전하고 있습니다. 오늘날 한국교회와 성도들은 주님의 크신 위로와 회복의 능력이 절실히 필요합니다. 이 책을 통하여 주님의 선교지상명령을 위해 새롭게 헌신하는 자들이 일어나길 기대합니다.

정성진_거룩한빛광성교회 담임목사

    • **1978년** 영국에서 조지 버워를 처음 만난 이후 그의 열정적인 메시지는 나에게 큰 은혜와 도전이 되었고, 오늘날까지 나의 삶과 선교 사역에 지대한 영향을 끼쳤습니다. 그는 자신이 전하는 메시지를 삶을 통해 몸소 실천하며 우리에게 따라 배울 수 있는 본을 보여 주십니다. 로고스호프 선교선의 한국 방문을 계기로 이 책을 출판하게 됨을 진심으로 축하드리며, 그의 역동적인 메시지와 살아 있는 간증이 독자 여러분의 삶에도 동일하게 주님의 역사로 일어나길 바라며 기쁜 마음으로 이 책을 적극 추천합니다.

전철한_한국외국인선교회 대표

약한 나를 강하게

예영세계선교신서 24

약한 나를 강하게

초판 1쇄 찍은 날 · 2014년 6월 10일 | 초판 1쇄 펴낸 날 · 2014년 6월 15일
지은이 · 조지 버워 | 옮긴이 · 이영규, 송재흥 | 펴낸이 · 원성삼
등록번호 · 제2-1349호(1992. 3. 31) | 펴낸 곳 · 예영커뮤니케이션
주소 · (136-825) 서울시 성북구 성북로 6가길 31 | 홈페이지 www.jeyoung.com
출판사업부 · T. (02)766-8931 F. (02)766-8934 e-mail: jeyoungedit@chol.com
출판유통사업부 · T. (02)766-7912 F. (02)766-8934 e-mail: jeyoung@chol.com

DROPS FROM A LEAKING TAP By Dr George Verwer
Copyright © 2008, George Verwer

Korean translation copyright © Jeyoung Communicaions Publishing House, 2014

ISBN 987-89-8350-893-5 (04230)
    987-89-8350-542-2 (세트)

값 13,500원

약한 나를 강하게

조지 버워 지음 ∣ 이영규, 송재홍 옮김

예영커뮤니케이션

이 책은 그동안 조지 버워가 전한 최고의 메시지를 모아 만든 것이다. 그가 오래 전에 선포했던 메시지와 지금 새롭게 강조하고 있는 메시지를 성실하게 모으고 편집하여 이 책을 출간하게 된 것을 매우 기쁘게 생각한다.

선교 지도자와 하나님의 사람으로서 조지 버워가 선포한 혁명적 메시지는 나에게 큰 격려와 힘이 되었다. 그는 항상 배우는 자세로 여러 사역에 임했고, 그의 리더십은 우리 모두에게 지대한 영향을 끼쳤다. 이 책은 그가 지난 50여 년 동안 사역을 통해 배워온 것을 실제로 잘 보여 준다.

조지 버워는 이제 70세가 되었다. 하지만 그는 여전히 전 세계를 다니면서 하나님이 주신 메시지를 열정적으로 전하고 있다. 수많은 사람이 그의 메시지를 직접 듣기도 했지만, 이 책은 하나님이 그에게 주신 혁명적 메시지를 읽을 수 있는 기회를 제공한다.

오엠의 역사에 관심 있는 분들은 이 책을 통해 여러 흥미로운 이야기들을 알게 될 것이다. 오엠 역사를 상세하게 다룬 책이 최근 출판되기도 했지만, 이 책에 나오는 이야기들을 통해 독자 여러분 모두에게 하나님의 놀라운 은혜와 복이 임하기를 기원한다.

인도오엠 대표

조셉 드수사

Drops
from
a
leaking
tap

들어가는 말

나는 이제 칠십이 되어 이 글을 쓰고 있다. 7월 3일이 내 생일인데, 생년월일이 나와 똑같은 알피 프랭크스[Alfy Franks]는 그의 아내 애디[Addy]와 함께 오랫동안 인도에서 선교 사역으로 헌신해 왔다. 그 두 사람은 우리 사역에서 가장 신실한 동역자요 친구들이다.

우리는 오랫동안 사역해 온 인도를 위해 이 책을 쓰기로 마음먹었다. 내가 실수를 했고[죄와는 상관없는] 봄베이 세관에서 뇌물 주는 것을 거절했다는 이유로 나는 인도출입국관리소의 목록에 오르고 추방되었다. 이 사건을 통해 내가 사랑했던 인도를 오랜 시간 방문할 수 없었다.

그동안 내가 저술한 책들, *Literature Evangelism*[문서전도],

*There is Dynamite in Literature*문서 사역의 놀라운 능력, *Revolution of Love*사랑의 혁명, *Hunger for Reality*하나님을 향한 갈망, *No Turning Back* 후회 없는 삶, *Out of the Comfort Zone*안전지대는 없다, 죠이선교회은 전 세계 여러 나라 언어로 출판되었다. 인도 전역에서도 이 책들을 읽은 수많은 사람들이 나에게 편지와 이메일을 보내왔다. 나는 그들 모두에게 나의 기도를 담아 답장하려고 노력했다.

이 책은 다른 일반 책들처럼 순서적으로 쓴 것이 아니다. 주로 그동안 내가 쓴 글이나 전했던 여러 메시지들을 모아 편집한 것이다. 또 다른 사람들의 글도 있는데 그분들께 진심으로 감사드린다. 사실 *Literature Evangelism*을 제외하고는 이 책은 다른 책들에 비해 내가 직접 쓴 내용이 더 많다. 다른 책들은 주로 설교 테이프나 CD 내용을 정리하거나 편집인이 수정하여 쓴 것이다.

목차 페이지를 보면 아마 당신의 마음에 와 닿은 내용이 있을 것이다. 당신이 읽고 싶은 내용을 표시하고, 하루에, 한 주에, 혹은 한 달에 한 장씩 읽다 보면 언젠가는 이 책을 다 읽을 수 있을 것이다. 만약 이 책을 모두 읽지 못하더라도 괜찮다. 9장에 나오는 세계 7대 '재앙' 혹은 '고통'은 내가 심혈을 기울여 쓴 내용이다.

나의 두 번째 책인, *Hunger for Reality*을 읽은 사람들로부터 지난 40년 동안 2만5천 통이 넘는 편지를 받았다. 나는 그 편지들을 모두 읽고 나서 대부분 답장을 해 주었다. 내가 쓴 책에서 말한 것이 오늘날에도 여전히 적절하고 중요하다며, 독자들로부터 지금도 계속 편지를 받고 있다.

내가 이 책에서 쓰고 나눈 대로, 나는 지난 53년 동안 매 순간 실천하며 살고자 노력해 왔다. 이 책이 당신과 당신의 친구들에게도 축복이 되길 바라며, 이 책 외에도 나의 다른 책들도 읽어 보기를 권한다. 그리고 나의 홈페이지www.georgeverwer.com에 방문해 보기를 바란다.

감사드리며

주님의 은혜에 붙잡힌

조지 버워

Drops from a leaking tap

오엠의 시작

오엠Operation Mobilisation의 역사는 미국에 살던 어느 평범한 가정주부로부터 시작되었다. 1950년대에 도로시아 클랩Dorothea Clapp은 그녀가 사는 동네에 있는 고등학교 학생들이 구원받고 세계선교를 위해 쓰임받을 수 있도록 하나님께 간구했고, 하나님은 그녀의 기도에 응답해 주셨다.

클랩 여사는 특별히 조지 버워라고 하는 한 학생을 위해 집중적으로 기도했는데, 하나님께 "그를 구원해 주시고 또한 선교사로 쓰임받게 해 달라."고 했다. 그녀는 그에게 우편으로 요한복음을 보내 주었고, 얼마 후 그는 빌리 그래함 전도 집회에서 주님을 영접했다. 그 젊은이가 바로 조지 버워이며, 그는 나중에 국제오엠을 설립하고 총재가 된다.

메리빌대학Maryville College에 다니는 동안, 조지는 다른 두 친구들과 정기적으로 만나 기도하면서 멕시코의 영적 필요에 대한 부담감을 갖게 되었다. 1957년, 그와 두 친구들은 여름방학을 맞이하여 그들이 가진 물건 일부를 팔아 돈을 마련한 후에 멕시코에 가서 복음을 전하고 문서 전도를 했다. 그다음 해에 조지 버워는 무디신학교Moody Bible Institute로, 그리고 다른 두 친구들은 휘튼대학교Wheaton College로 편입했다. 그들은 계속 해마다 여름방학을 이용해 멕시코로 가 복음을 전했다.

1960년, 조지는 무디신학교를 졸업하고 그의 친구들과 함께 복음을 전하기 위해 유럽으로 갔다. 그들은 스페인에서 선교 사역을 시작했는데, 그곳 사람들에게 복음을 열심히 전하면서 문서 사역을 했다. 하지만 스페인을 비롯해 유럽 전역으로 선교 사역을 펼쳐 나가는 것은 너무 벅차고 힘든 일이었다.

조지와 그의 팀은 유럽과 열방의 모든 민족에게 복음을 전하기 위해 교회를 선교에 동원하는 비전을 갖게 되었다.

주님이 그들에게 주신 그 비전을 나누기 시작하자 수백 명의 크리스천들이 동참했고, 이것이 바로 오엠의 시작이 되었다.

1963년까지, 2천여 명의 젊은이들이 유럽으로 모여 여름 단기 선교 사역에 동참했다. 동시에 인도와 이슬람권 나라들 가운에 장기 선교팀들을 처음으로 파송했다. 그들은 미전도 종족들에게 복음을 전하기 위해 그들의 삶을 기꺼이 주님께 헌신했다.

그렇게 미약하게 시작된 오엠이 오늘날까지 계속 성장해 온 것이다. 현재 오엠은 세계 110여 개국에 6천 명이 넘은 사역자들이 하나님의 진리의 말씀과 구원의 메시지를 매년 수백만의 사람들에게 전하고 있다.

Drops from
a leaking tap

02

고통을 끌어안기

내 마음에 커다란 부담감으로 느껴지는 것이 있는데, 그것
을 가능한 많은 사람들과 나누고 싶다. 나는 상한 심령으로
큰 고통 가운데 있는 사람들에게 큰 부담감을 느낀다. 우리
는 모두 마음의 상처를 갖고 있지만 다른 사람들에 비해 훨
씬 더 큰 고통으로 아파하는 사람들이 있다.

종종, 우리는 그런 사람들을 돕거나 그들을 위해 사역하
기 원하지만, 상처로 생긴 장애물이나 장벽 때문에 그 문제
를 해결하는 것이 불가능하게 보일 때가 있다. 어떤 크리스
천들은 다른 크리스천들에게 너무 큰 상처를 받아서 교회
에 나가거나 성도들과 교제하는 것을 꺼리기도 한다.

그런 사람들에게 도움이 될 수 있는 성경말씀과 훌륭한 책들이 많다. 그렇지만 그들이 그런 것들을 잘 모를 수 있고 그런 책들을 읽는 것을 망설일 수 있다. 헨리 나우웬Henry Nouwen이 쓴 책, 『이는 내 사랑하는 자요(Life of the beloved)』 2002, 한국기독학생회출판부는 내 자신 안에 있는 마음의 상처를 치유하는 데 아주 큰 도움이 되었다. 헨리 나우웬은 우리 자신의 상처를 끌어안는 용기가 필요하다고 말하며, 우리가 두려워하는 원수를 친구로 만들고 더 나아가 우리 삶의 여정에 친밀한 동행자가 되도록 권한다.

그 책을 읽고 난 후, 나는 나의 절친한 친구를 심하게 비판하는 다른 친구 때문에 매우 큰 고통을 겪었다. 나는 기분이 많이 상했고, 그 친구와 같이 있는 것이 견디기 힘들었다. 하지만 나는 그 경험을 하나님이 허락하시는 삶의 일부로 끌어안을 수 있었다. 그러자 큰 기쁨과 평안이 내 마음에서 솟아났고 나는 자유를 경험했다. 상처를 끌어안는 것이 결코 쉽지 않다는 것을 나는 잘 안다. 어떤 사람들은 나보다 수백 배나 더, 훨씬 많은 마음의 상처를 받았겠지만, 상처가 아무리 클지라도 하나님은 그것을 치유하실 수 있다.

만약 우리에게 죄 지은 자를 우리가 온전히 용서하지 않는다면 어떻게 우리의 죄를 용서받고 참된 자유를 경험할 수 있는가? 우리는 살아가면서 모두가 죄를 짓는 존재임을 알고 있으며, 그것을 가르치고 설교하기도 한다. 그런데 사람들이 우리에게 죄를 지으면 왜 놀라는가?

우리는 모두 실패하며, 죄를 짓는다. 함께 살아가면서 서로 상처와 고통을 주는 것을 죄로 여기지 않는가? 자기중심적인 자아 때문에 다른 사람들을 쉽게 비난하고 그 상황에서 우리도 함께 죄를 짓는다는 사실을 알지 못한다는 말인가?

사람들은 하나님을 원망하기도 하는데 그렇게 하면 상황은 더욱 복잡해진다. 필립 얀시Philip Yancey가 쓴 『하나님, 당신께 실망했습니다(*Disappointment with God*)』 2013, IVP를 비롯해 여러 책들이 이런 문제를 다루고 있다. 그러나 우리 모두에게는 큰 소망이 있다. 하나님은 우리를 통해 일하시며 우리 삶의 여정 가운데 우리를 위한 놀라운 계획을 갖고 계신다는 것이다. 그것은 바로 우리가 그리스도를 더욱 닮아 가는 것을 말한다. 이것이 항상 우리 삶의 가장 큰 목표가 되어야 한다. 우리의 모든 상처와 고통을 끌어안고 하나님을 더욱 영화롭게 해야 한다.

실패는 성공으로 가는 뒷문이다

구소련 비밀경찰KGB은 나에게 미국 스파이라는 죄목을 덮어 씌어 심문하며 말했다. "우리가 너를 시베리아로 보내겠다."

사태는 점점 악화되었다. 그 비밀경찰들은 우리가 운전하던 자동차를 압수했다. 그들은 나와 함께 사역하고 동행하던 로저Roger를 다른 방으로 데리고 가 심문했다. 그 당시 공산권 나라들의 심장부인 구소련으로 성경과 인쇄기를 밀반입하는 일이 발각되기 직전이었다.

1961년에 일어난 이 사건은 미국과 소련 간에 냉전 시대가 한창 무르익고 있던 때였다. 나의 꿈은 복음의 문이 닫힌 여러 나라로 가서 복음을 전하는 것이었다. 그런데 나의 인생은 물론이고 내가 가졌던 모든 꿈이 이렇게 하루아침에 끝난단 말인가? 도대체 내가 어떻게 해야 하는가?

그 당시 나를 알고 있던 사람들은 내가 그러한 곤경에 처한 일을 별로 놀라워하지 않았다. 사람들은 내가 급진적^{radi-}^{cal}이라고들 했다. 1955년 뉴욕에서 열렸던 빌리 그래함 전도 집회에서 회심하고 예수님을 믿은 후에, 나는 바로 복음 전하는 일에 뛰어들었다. 내가 다니던 고등학교에서 전체 학생들을 대상으로 연설할 기회가 주어졌을 때 나는 담대하게 복음을 선포했으며, 집집마다 전도지를 나누어 주면서 예수님을 전했다. 내가 전도 집회를 열었는데 600여 명이 참석하여 복음을 듣고, 그중에 125명^{나의 부친을 포함해}이 예수님을 믿고 구세주로 영접했다.

1957년, 뉴욕에서 열린 빌리 그래함 전도 집회에 가능한 많이 참석할 수 있도록 사람들을 초청해 모았다. 콩나물시루처럼 사람들로 가득 찬 버스에는 빈자리가 전혀 없었다. 나는 불신자가 한 사람이라도 더 많이 그 전도 집회에 참석할 수 있도록 내 자리를 양보했다. 뉴욕 메디슨 광장에서 빌리 그레함 전도 집회가 열리는 동안 나는 뉴욕 시내로 나가 사람들에게 복음을 전했다. 얼마 후 다른 두 친구들과 함께 복음을 전하기 위해 멕시코로 갔다.

나에게는 복음을 아직 듣지 못한 사람들이 있다면 어디든지 그곳으로 가 복음을 전하는 것이 당연한 일이었다. 그 당시 멕시코는 복음을 쉽게 전할 수 있는 나라가 아니었다. 개신 교회는 핍박을 받고 있었고, 기독 서적이나 전도지를 외국에서 반입하는 것은 불법이었다. 전도지를 차에 가득 실은 채 어떻게 멕시코로 들어가야 할지 몰랐지만, 우여곡절 끝에 그곳에 도착했다. 정말 열심히 기도했고, 침낭과 매트리스 속에 전도지를 가득 넣고서, 한밤중을 기다려 국경을 무사히 통과했다.

우리는 멕시코 빈민가의 쓰레기더미 속에 사는 사람들을 위해 사역했다. 그곳에서 목격한 극빈 상태에서 살아가는 사람들이 나의 마음을 사로잡았다. 쓰레기더미에서 나온 파리떼가 어린아이들의 눈망울에 모여 있는 모습을 바라보면서, 나는 하나님께 한없이 울부짖었다. "삶을 변화시키는 예수 그리스도의 복음으로 이 어린 영혼들과 나라를 어떻게 깨울 수 있겠습니까?' 우리는 우선 라디오 방송을 통해 복음을 전하기로 마음먹었다. 하지만 문제는 그 당시 멕시코에서 개신교 방송 프로그램을 진행하는 것이 불법이었다. 그렇지만 나는 틀림없이 어떤 방법을 찾을 수 있을 것이라고 믿었다.

멕시코에서 미국으로 돌아온 후 나는 일반 대학을 그만두고 무디신학교로 편입하여 신학을 공부하기 시작했다. 얼마 후 방학을 이용하여 학교에서 다섯 명으로 구성된 팀을 만들어 멕시코로 다시 향했다. 멕시코로 떠나기 전 기도로 많이 준비했는데, 멕시코에 도착했을 때 하나님께서 우리에게 좋은 계획을 알려 주셨다. 우선 서점을 열어 문서 사역을 시작했다. 그리고 라디오 방송국을 찾아갔다.

"우리는 서점을 운영하고 있는데 라디오에 광고를 내고 싶습니다. 성경을 판매하고 있지만 사람들이 성경을 사지 않는 이유는 성경의 내용이 무엇인지 모르기 때문입니다. 그래서 광고를 하면서 성경을 읽어 주고 싶습니다."

다행히 이 방법이 잘 통했다. 우리는 멕시코 라디오 방송을 통해 성경을 읽어 주고 그 내용을 설명해 주었다. 15분짜리 주간 프로그램으로 라디오 방송 사역이 이렇게 시작되었다.

무디신학교에 다시 돌아와, 세계선교를 위해 계속 기도하고, 계획하고, 팀을 조직하면서 선교와 관련된 서적들을 읽고 공부했다. 나는 이라크와 아프가니스탄과 같은 나라에 가서 복음을 전하고 싶은 마음이 들었다. 그런 나라에는 크리스천들이 아무도 없기 때문이다. 그곳은 꼭 선교가 필요한 곳이었다.

나는 이성 교제로 비전에서 멀어지는 것을 원하지 않았다. 그래서 하나님이 선택해 주실 배우자를 기다리며 이성 교제 금식social fast을 선포했다. 2년 동안 이성과의 데이트는 절대 하지 않기로 했다.

무디신학교 사무실에서 일하고 있던 드레나Drena를 만나면서부터 나는 이성 교제를 시작했다. 세계선교를 위해 전폭적으로 헌신하고자 하는 나를 드레나가 과연 받아 줄지 궁금했다. 그래서 나는 그녀와의 첫 번째 데이트에서 이렇게 말했다.

"우리 사이가 앞으로 어떻게 될지 모르지만, 나는 선교사가 되고 싶어요. 만약 당신이 나와 결혼한다면 아마 파푸아뉴기니 어느 오지에서 식인종에게 잡혀 죽을지도 몰라요."

이런 말을 들은 그녀가 나를 사랑할리 없었다. 그러나 나의 끈질긴 구애 끝에 결국 우리는 약혼하게 되었다. 나는 아주 적은 돈이라도 절약해서 복음 전하는 일에 사용하고 싶었다. 가령 교내 식당에서 식사를 제공해 주었기 때문에 외식하면서 돈을 쓸 필요가 없었다. 어느 날 우리가 미시간 호숫가에 함께 갔을 때, 돈을 쓰지 않고 그녀에게 음식을 줄 수 있기를 주님께 기도했다. 마침 우리 뒤쪽에 앉아 있던 사람들이 그곳에서 피크닉을 마치고 짐을 싸서 떠나려던 참이었다. 나는 그들이 조금 전에 휴지통에 버리고 간 종이 가방을 하나 찾았고, 그 안에서 포장이 깨끗한 상태 그대로 있는 샌드위치를 발견해 그것을 약혼자에게 주었다. 그녀가 앞으로 어떤 결혼생활을 하게 될지 미리 맛본 것이다.

내가 무디신학교를 졸업한 직후 1960년*, 우리는 밀워키

---

* 나는 일반 대학에서 무디신학교로 편입하면서 학점들을 인정받았고 학교 수업과 통신 과정으로 2년 만에 졸업했다. 드레나와 데이트하기 위해 버스 정류소에서 기다리는 동안 나는 통신 과정을 공부하기도 했다.

Milwaukee에서 결혼식을 올렸다. 나는 주일 오전 예배가 끝나고 교회에서 예식을 진행했기 때문에 주례 목사님이 결혼식에 참석한 불신자들에게 복음을 전할 수 있었다.

결혼식 피로연에서 내 절친한 친구인 데일 로턴Dale Rhoton이 벌떡 일어나 말했다. "우리가 조지와 드레나에게 해 줄 수 있는 가장 큰 선물은 기도입니다. 왜냐하면 그들은 무엇이든 선물로 받으면 복음을 위해 팔아 버리기 때문입니다.*"

우리는 성대한 결혼식 피로연은 생략하고 바로 멕시코로 가기로 했는데, 그 여정에 최대한 돈을 절약하기로 마음먹었다. 그날은 결혼 첫날이었다. 우리는 시카고 근처에 있는 휘턴Wheaton에 도착했을 때 차에 기름이 떨어져 주유소에 들렀다. 우리가 결혼 케이크를 주자 그들은 우리 차에 기름을 가득 채워 주고, 주유비도 케이크도 받지 않고 그냥 가라고 했다. 그다음 날 다른 주유소에서도 우리는 크리스천을 만나 무상으로 자동차에 기름을 가득 넣을 수 있었고, 케이크

---

* 그때 이후 나는 복음을 위해서 내가 가진 모든 것을 나누는 삶을 살아 왔지만 잘못하면 율법적이 되기도 쉬웠다. 가령, 멋진 집에서 사는 것은 영적이지 못하다고 어떤 사람들은 느끼지만, 아름답게 꾸민 집은 예수 그리스도 안에서 누리는 기쁨을 우리 이웃 사람들에게 전할 수 있는 좋은 간증이 될 수 있다.

도 그대로 가질 수 있었다. 하지만 그다음 주유소에서 만난 사람은 별로 후하지 않아 주유비 대신에 케이크를 줘야 했다. 많은 우여곡절 끝에 주유비를 전혀 쓰지 않고 멕시코에 도착할 수 있었다.

멕시코에 도착한 후 6개월 동안 우리는 서점들을 열었고 복음 전도에 힘썼다. 멕시코 사역을 현지인 사역자들에게 넘겨주고, 우리는 스페인으로 옮겨 갔다. 그 당시 스페인은 프랑코 정권 아래 복음이 거의 닫혀 있던 나라였다. 우리가 살던 집을 베이스로 삼아 스페인에서 복음을 전했다. 그리고 러시아어를 공부하고 소련으로 가서 복음 전도를 하기 위해 기도하며 준비했다.

소련으로 가서 복음을 전하는 계획은 간단했다. 로저 말스테드Roger Malstead와 내가 성경과 인쇄기를 몰래 소련으로 반입하는 것이었다. 그다음은 전화번호부에 있는 주소로 성경과 전도지를 우편으로 발송하면 되었다. 계획한 일은 한동안 잘 진행되었지만, 녹아내린 버터를 내가 실수로 전도지 위에 쏟으면서 전도지가 쓸모없게 되었다. 로저는 못쓰게 된 전도지를 화장실 변기 물로 내려 버리라고 했다. 하지만 나는 전도지 하나라도 낭비하기 싫었다. 나는 '사람들이 없는 한적한 곳을 찾아 창문 밖으로 전도지를 던지면 누군가가 그것을 주워서 읽을 거야!'라고 생각했다.

그것이 큰 실수였다. 누군가가 우리를 지켜보고 있었던 것이다. 우리는 10킬로미터를 벗어나지 못하고 소련 경찰들에게 붙잡혀 검문을 당했다. 그들은 우리에게 미국 스파이 누명을 씌우고 이틀 동안 심문했다. 나는 많은 고민 끝에 사실대로 말했다. 그들은 우리 자동차에 가득 실린 인쇄기와 전도용 성경책을 가득 발견하고는 깜짝 놀랐다.

그 당시 소련은 세계 최초로 유인 우주선을 성공적으로 발사한 직후인지라 심문을 하던 경찰들이 "우리가 우주로 사람을 보내 하나님을 찾아보았는데 그곳에도 없더라."고 했다. 이틀 동안 꼬박 심문한 후에 그들은 우리가 미국 중앙정보국CIA 요원이 아니라 하나님을 믿는 광신자임을 알게 되었다. 우리는 자동소총으로 무장한 군인들에게 오스트리아 국경까지 호위되어 소련에서 추방되었다.

우리에 관한 사건이 소련 공산당 중앙 기관지인 ≪프라우다≫Pravda 신문에 대서특필 기사로 실렸다. 우리가 연루

된 그 사건이 매우 흥미로웠는지 그 신문은 특종으로 10년 후에 이 기사를 다시 싣기도 했다.

나의 목표와 간절한 소망은 복음이 닫혀 있는 나라에 가서 복음 전도를 하는 것이다. 복음이 닫혀 있는 곳이라면 세계 어느 나라이든지 복음을 들고 갔고, 때로는 쫓겨나기도 했다. 그때마다 나는 "하나님, 도대체 어떻게 해야 합니까?"라고 물으면서, 하나님께 진지하게 기도하기로 마음먹었다. 오스트리아에 있는 산에서 나무 위로 올라가 하나님과 홀로 시간을 보내며 기도하기도 했다.

어느 날은 하루 종일 기도하면서 시간을 보내고 있었는데 바로 그날, 나의 삶과 사역에서 대변혁이 일어났다. 내가 가진 비전이 너무 작다는 것을 하나님께서 알려 주신 것이다. 내가 할 일은 교회를 일깨우고 선교에 동원하는 것임을 보여 주셨으며, 유럽 교회에서부터 그것을 시작하라고 하셨다. 그 비전은 일리가 있었다. 유럽 교회는 육로를 통해 복음이 닫힌 여러 나라에 갈 수 있지만, 미국은 복음이 닫힌 여러 나라에 가기 위해서는 대서양을 건너야만 했기 때문이다. 나는 그 당시에 미국인 한 사람에게 필요한 비용으로 유럽인 두세 사람이 복음이 닫힌 나라에 갈 수 있으며, 유럽인들은 그곳에서 미국인들보다 더 환영받는다는 것이 선교적 접근에 있어 급진적 변화를 가져오는 선구자적 사고라는 사실을 전혀 몰랐다. 이러한 선교 동원의 개념은 나중에 유럽과 북미에서 아시아로 그리고 아프리카와 남미로 폭발적으로 확장되어 갔다. 마침내 전 세계에서 동원된 하나님의 사람들이 선교 동역자로서 함께 사역하게 되었다.

그 비전을 통해 하나님께서 나에게 이름을 주셨는데, 바로 '오엠'이었다. 하나님께서는 또한 교회들을 동원하여 여름 동안 그리고 2년간 선교 현지에서 복음 전도 사역을 하는 비전도 주셨다. 그들이 사역을 마친 후에는 본 교회나 단체로 돌아가서 영적으로 활력을 불어넣고 선교 비전을 나누기로 했다.

주님이 그 비전을 1961년에 나에게 주셨는데, 그 당시에는 단기 선교라는 개념을 거의 들어보지 못한 때였다. 매우 혁신적인 개념이었지만 다행히 그것이 통했고 효과가 나타났다. 그다음 해 여름에는 2백여 명이 유럽에 모였고, 두 번째 여름인 1963년에는 2천여 명으로 그 수가 폭발적으로 늘어났는데 그들은 2천5백만 명의 사람들에게 복음을 전했다. 우리는 런던에 모여 중고 트럭 120대를 구했다. 수련회를 마친 후 우리는 팀을 나누어 대영 해협을 건너 복음이 닿힌 여러 나라로 가 복음 전도를 했다. 내가 구소련 경찰에 의해 잡힌 지 1년도 안 된 시점이었지만, 러시아어에 유창한 유럽인들을 구소련으로 보낼 수 있었고, 그들은 내가 할 수 있는 것보다 훨씬 많은 것을 성취할 수 있었다.

우리는 미전도 종족에게 복음을 전하는 일에 집중했다. 나는 데일 로턴^{Dale Rhoton}을 아프가니스탄으로 보내 그곳 상황을 알아보도록 했다. 그리고 그곳에 있는 동안 이웃나라인 파키스탄과 인도의 상황도 살펴보도록 요청했다. 하지만 솔직히 큰 기대는 하지 않았다. 왜냐하면 파키스탄 서부에서 사역하는 선교사들을 알고 있었고 인도 출신의 열정적인 크리스천들을 만난 적이 있었기 때문이다. 인도에 있는 강한 교회들이 그 나라에 있는 미전도 종족에게 복음을 전할 수 있기 때문에 우리가 그곳에 갈 필요가 없다고 생각했다. 그러나 데일은 나에게 돌아와서 전혀 다른 이야기를 했다.

"우리는 인도로 가야 해."

우리는 두 팀을 인도로 파송했다. 그들은 오래된 트럭으로 유럽에서 인도까지 이동해 가면서 온갖 고생과 어려움을 겪어야만 했다. 나 자신이 그 팀 구성원들을 대부분 모집하고 그곳으로 보냈기 때문에 그들에게 책임감을 느꼈다. 결국 1963년 말에 나는 그곳 상황을 알아보기 위해 비행기를 타고 인도로 갔다.

인도에서의 경험은 정말 충격적이었다. 나는 기차를 타고 여러 지역으로 여행하면서 복음을 전했다. 여러 마을과 도시를 다니면서 가는 곳마다 그곳 사람들의 영적 필요를 목격하고 나는 완전히 압도당했다. 마침내 나는 아내에게 "우리는 인도로 가야 해."라고 말했다.

우리는 인도의 봄베이에서 살았다. 우리가 복음을 전하면서, 모든 것을 포기하고 세계선교와 기도에 헌신하는 제자도에 관한 메시지를 전할 때 수많은 사람들이 몰려왔다. 시간이 흐를수록 외국인 선교사들을 더 불러들이기보다는 인도 현지인들을 통해 사역하는 것이 필요하다는 것을 느꼈다. 그래서 우리는 인도 교회와 협력하면서 현지 지도자들을 훈련하고 후원하는 사역에 집중했다.

인도에서 오엠 사역이 폭발적으로 성장하자 나는 곧 인도에서 추방되었다. 그래서 우리는 네팔의 카투만두로 옮겨 갔다. 인도 현지 지도자들은 비자 없이 네팔로 와서 우리를 만날 수 있었다. 그곳에서 인도인들을 위해 리더십 훈련 사역에 집중하면서 네팔오엠의 사역을 출범시켰다.

인도 사역이 확장되자 후방 지원 사역과 수송 수단에 많은 어려움이 따랐다. 중고 트럭들을 운전해서 유럽과 아시아 대륙으로 오가는 일은 결코 쉽지 않았다. 하루는 이 문제를 위해 세계지도를 펴 놓고 기도했다. 그 순간 각 대륙이 바다로 둘러싸여 있다는 사실에 새삼 놀랐다. 그래서 우리는 바다를 항해하는 선교선이 필요하다고 느꼈다.

내가 유럽에 있는 교회들을 방문하면서 선교선 비전을 나누었을 때 어떤 사람들은 비웃었다. 또한 어떤 사람들은 선교 단체가 배를 소유하는 것은 사치스럽다고 생각했다. 그렇지만 내가 그 비전을 놓고 기도하면 할수록 하나님은 우리가 선교선을 갖기 원하신다는 것을 확신하게 되었다. 나는 하나님께서 우리에게 배를 당장이라도 주시기를 원했다. 그러나 하나님께서는 나 자신이 얼마나 인내심이 부족한지를 깨닫게 하시고, 그분의 때를 기다리는 것을 배우게 하셨다. 6년간의 긴 시간 끝에 하나님께서는 우리에게 첫 번째 선교선인 로고스 배를 주셨다. 마침내 2,319톤의 로고스 선교선은 영국 런던을 출발하여 인도로 첫 항해를 떠났다.

그 당시 우리는 필요한 선교비 후원을 공개적으로 요청하지 않았다. 우리는 허드슨 테일러Hudson Taylor와 조지 뮬러George Mueller와 같이 다른 사람들에게 우리의 필요를 알리지 않고 철저하게 믿음으로 기도해야 한다고 믿었다. 그래서 절대 공개적으로 알리지 않았고, 하나님이 우리의 모든 필요를 채워 주시도록 은밀히 기도했다.* 우리는 우마낙Umanak, 나중에 로고스〈Logos〉로 명명함이라는 배를 계약할 돈은 있었지만, 그 배를 살 만한 충분한 돈은 없었다. 우리는 간절히 기도했는데, 하나님께서 필요한 재정을 공급해 주셔서 마침내 배를 구입할 수 있었다. 우선 드라이 독Dry Dock을 하면서 필요

---

* 최근 우리는 지역교회들과 후원자들을 존중하면서 우리의 필요를 알리고, 그들이 기도하며 후원할 수 있도록 해야 한다고 믿게 되었다.

한 배 수리 작업과 페인트칠을 했다.

우리가 그토록 원하던 배를 마침내 갖게 돼 정말 기뻤지만, 막상 현실에 부딪혀 보니 문제는 갈수록 태산이었다. 선교선 프로젝트를 시작하는 것이 얼마나 무모한 일인지를 깨닫게 되면서 두려움이 찾아왔다. 고물처럼 오래된 배인데 보험도 들어 있지 않았고, 부모들과 함께 승선한 어린이들은 배 뒤쪽에서 불안한 듯 배회하고 있었다. 나는 가끔 배가 바닷물에 가라앉는 악몽을 꾸면서 잠에서 깨어나기도 했다. 그래서 나는 바닷물이 따뜻한 나라로 항해하며 사역해야겠다고 생각했다. 배가 침몰하더라도 최소한 어린아이들은 살아남아야 하는데, 만약 차가운 바닷물에 배가 가라앉는다면 희망이 없기 때문이다.

처음에는 걱정을 많이 했지만, 선교선 사역은 시간이 흐를수록 우리가 기대했던 것보다 훨씬 더 놀라운 성과를 이루었다. 얼마 후 하나님은 우리에게 더 큰 두 번째 선교선, 둘로스를 주셨다. 우리는 두 척의 선교선 안에 있는 책 전시장을 통해 문서 선교를 하면서 가는 곳마다 복음을 전했다. 50여 개국에서 온 4백여 명의 사역자들이 승선하여, 인도에서 자메이카로, 이집트에서 중국으로 세계 각국을 방문하며 복음 사역을 했다.

오엠 사역은 이제 전 세계로 확장되어 풀타임 사역자들이 4천 명이 넘는다. 이에 더해 단기 선교 사역자들이 3-4천 명에 이른다. 세계 각국의 다양한 교파 출신으로 13만 명이 넘는 사람들이 오엠을 통해 훈련받고 선교 사역에 동참했다. 오엠 출신이 만든 선교 단체나 기관들이 전 세계적으로 100개가 넘는다. 영국에서 시작한 오엠 출판사, Send the Light[STL]는 이제 40여 개의 직영 서점을 운영하며 600여 명의 직원들이 일하는 독립적인 사역으로 발전했다. 현재 오엠은 미전도 종족들을 중심으로 복음이 가장 닫혀 있는 국가들을 포함해 100여 개국이 넘는 나라에서 사역하고 있다. *우리는 예전에 비해 더욱 총체적으로 접근하여 복음 사역을 하고 있다. 최근 10년 동안 우리는 특별히 지진, 홍수, 전쟁, 가난 등으로 고통당하고 피해 입은 사람들의 육적·영적 필요를 채워 주기 위해 구제 사역을 펼쳤다.

---

* 2014년 현재, 오엠은 110여 개국에 6,500여 명이 사역하고 있으며, 오엠 출신이 만든 선교 단체나 기관은 전 세계적으로 150여 개가 넘는다. 역자 주.

우리 사역이 이렇게 발전할 수 있었던 것은 하나님이 우리 기도에 직접 응답해 주셨기 때문이다. 이는 정말 신나는 일이다. 하나님 없이 우리는 아무것도 할 수 없다. 물론 우리가 복음이 닫혀 있는 최전선으로 나아갈 때는 반드시 기도를 많이 하며 준비했다. 사역뿐만 아니라 개인적인 기도 제목들도 많이 응답받았다. 나의 장인은 2차 세계대전 중에 전사했다. 아내의 의붓아버지는 안티 크리스천anti-Christian이었기 때문에 그녀가 크리스천이 되자 집을 나가라고 요구했다. 그러나 25년 동안 그들을 위해 포기하지 않고 기도했는데 결국 그는, 그리스도께로 돌아왔다.

미국 무디신학교에서 우리는 모이기만 하면 항상 기도하는 그룹으로 알려져 있었다. 그 당시, 1950년대 후반만 해도 소그룹 기도 모임에 대해서는 별로 들어보지 못하던 때였다. 비슷한 시기에 소그룹 기도 모임을 시작한 다른 사람들도 있었겠지만, 이러한 우리의 기도 모임이 세계적으로 놀랍게 퍼져 나갔다. 이것은 이제 오엠 문화의 일부가 되었다. 1958년부터 오엠은 철야기도 모임을 시작했는데 그것을 지금까지 계속해 오고 있다.

나는 기도의 능력을 믿고 실제로 기도하는 삶을 산다. 우리의 기도에 응답해 주시는 하나님을 신뢰한다. 응답받지 못했거나 응답받지 못할 것 같더라도 기도 제단을 계속 쌓아 가며 그분을 신뢰할 때 우리는 진정 하나님의 백성들로 다듬어져 간다. 나의 삶에도 응답받지 못한 기도들이 많이 있다. 내 기도제목 가운데 아직 절반은 기도 응답을 받지 못했다.

위대하신 능력의 하나님을 믿을 때 나는 정말 날아갈 것 같이 기쁘다. 그렇지만 나의 희망, 꿈, 기도가 이루어지지 않을 때는 실망한다. 사실 나는 평생 실망 가운데 허우적거리며 살아왔다. 그러나 하나님의 약속을 붙잡고 하루라도 실망 가운데 잠들지 않기로 작정했다. 그렇게 하는 것이 훈련이 될 수 있다.

우리는 그동안 많은 어려움을 겪었다. 1988년 1월 4일 자정 쯤, 로고스 선교선이 남미 대륙의 최남단에 있는 비글 해협Beagle Channel을 항해하던 중 암초에 부딪혀 좌초되었다. 태어난 지 6개월 된 갓난아기를 포함해 사고 당시 그 배에 승선해 있던 139명은 모두 극적으로 구조되었고 배는 좌초되었다.

　1991년 8월 10일 저녁에는 필리핀 잠보앙가^{Zamboanga}에서 집회를 열고 있던 중에 테러리스트들이 수류탄을 던져 젊은 오엠 사역자 둘이 목숨을 잃었다. 아프가니스탄에서는 오엠 사역자가 납치되어 실종되었는데 그 이후로 지금까지 아무런 소식도 듣지 못했다. 다른 사역자는 터키에서 총살을 당해 목숨을 잃기도 했다. 도대체 왜 이런 일이 일어났는지 나는 모른다. 우리가 도저히 이해할 수 없는 고난의 신비가 존재한다.

　나는 1960년 그때와는 같은 사람이 아니다. 변화된 삶을 살고 있다. 그러나 복음을 전하고자 하는 나의 간절한 열망은 여전하다. 하나님께서는 나 자신을 변화시키고 나의 사고방식을 많이 바꾸어 놓으셨다. 나는 1950년대 신학교에서 교육을 받을 때는 바리새인적인 구석이 있었으며 은혜에 인색했다. 돈, 기도 그리고 전도에 대한 사고방식에는 인위적인 규칙들이 있었고, 그것들이 영성을 가름하는 척도가 되기도 했다. 의도적이지 않았을지라도 남들을 쉽게 판단하며 그것을 몸짓 언어로 말하기도 했다.

나는 생각에 사로잡히기도 했으며, 너무 열성적이고 단호한 나머지 주위 사람들을 인식하지 못하고 지나치곤 했다. 나의 아내에게 너무 냉정하게 대할 때가 많았다. 사실 결혼한 첫 달부터 내가 아내의 마음을 아프게 해서 그녀가 우는 모습을 보았을 때 하나님께서는 내가 이 사실을 깨닫고 직시하도록 하셨다. 하나님께서 오스왈드 J. 스미스Oswald J. Smith와 로이 헷숀Roy Hession과 같은 저자들의 책들을 통해 나를 깊이 다루셨다. 나 자신이 십자가 앞에 눈물로 나아가도록 이끄시고 또한 나를 회복시켜 주셨다.

하나님께서는 성경말씀 가운데 가장 중요한 고린도전서 13장사랑 장을 우리에게 보여 주셨다. 나는 세계선교와 전폭적인 헌신을 중요하게 여기지만, 이 모든 것도 만약 우리에게 그리스도의 사랑이 없다면 아무런 의미가 없다고 생각한다. 우리는 마음을 넓게 가지고 서로에게 너그러워야 한다. 찰스 스윈돌Charles Swindoll이 말하는 "은혜의 각성"grace awakening이 필요하다. 우리에게 균형 있고 일관성 있는 신앙생활이 필요하다.

Drops
from
a
leaking
tap

어바나 선교 대회 메시지*

내가 지금 이 자리에서 메시지를 전하는 것이 얼마나 부담스러운 일인지 이루 말할 수 없다. 나는 지금까지 살아오면서 이같이 큰 집회에서 메시지를 전해 본 적이 없다. 지난 8년 동안, 멕시코에 가기 위해 잠시 들린 적은 있지만, 나는 미국을 떠나 해외에서 살았다. 지난 삶은 대부분 개인적 상담이나 전도하는 데 시간을 보냈다. 이 시간 나의 진심과 진정성을 믿을 수 없다면 여러분을 개인적으로 만나고 싶다. 오늘 저녁 이곳에 모인 수많은 사람들 가운데 단 한 사람

---

* 본 메시지는 1968년 미국 어바나 선교 대회에서 필자가 주 강사로 섬기면서 수천 명의 대학 청년들에게 전했던 내용이다.

이라도 내가 도울 수 있다면 나는 무엇이든 최선을 다할 것이다.

선교사 전기를 읽을 때 여러분 중 어떤 사람은 기가 죽을 것이다. 내가 아는 어떤 사람은 수년 전에 남미에서 순교한 젊은이들의 이야기를 읽고서는 자신은 결코 선교사가 될 수 없을 거라고 믿었다. 어떤 사람들은 조지 뮬러의 전기를 읽고 나서 그가 운영하던 고아원에 필요한 엄청난 재정을 위해 믿음으로 기도하고 응답받은 일이 어떻게 가능한지 이해하지 못하며, 이에 완전히 압도당한다.

만약 내가 대학교 1학년 때크리스천이 된 지 1년밖에 되지 않았을 때 이런 집회에 와서, 여러 도전되는 메시지를 듣고, 다른 사람들의 간증과 그들의 자질에 대해 들었다면, 나는 도저히 선교사가 될 자신이 없다고 고백했을 것이다.

여러분 가운데 개인적인 고민을 갖고 나에게 찾아온 사람들도 있다. 내가 앞서 전한 이중적 사고방식에 대한 메시지를 듣고 많은 사람들이 공감했다. 여러분도 그 사실을 인정할 것이다. 나는 이 자리에 함께한 선교사 자녀들, 헌신된 크리스천들, 나의 자녀들과 같이, 어릴 때부터 성경말씀에 익숙한 사람들에게 깊은 연민을 느낀다. 나의 아들은 6살 때부터 하루에 수백 명의 사람들에게 전도지를 나누어 주었다. 아마 여러분들 중에도 어렸을 때부터 그런 일을 한 사람들이 있을 텐데, 대학생이 된 지금은 더 이상 하지 않을 것이다.

오늘 저녁, 내가 메시지를 전하고 나면 여러분은 주님께 헌신하고 결단하는 시간을 갖게 될 것이다. 예수님은 메시지를 선포하신 후에 듣는 자들이 반응하고 결단하기를 원하셨다. 삭개오에게 뽕나무에서 내려오라고 말씀하셨고, 눈이 먼 사람에게 진흙을 이겨 눈에 바르라고 말씀하셨다. 예수님은 어디로 가시든지, 사람들이 응답하고 결단하도록 부르셨다.

그러나 아무도 대가를 지불하지 않고 결단하지 않기를 바란다. 예수님은 누가복음 14장에서, 망대를 세우고자 하면 먼저 그 비용을 계산하지 않겠느냐고 말씀하셨다. 여러분이 오늘 저녁 헌신 카드에 이름을 적고 결단하기 전에 지불할 대가를 먼저 생각하기 바란다. 손을 들고, 자신의 이름을 적고 결단했지만 그 헌신의 약속을 지키지 않는 사람이 되지 않기 바란다.

그렇다. 내가 대학교 신입생으로 이 자리에 왔더라면 나는 아마 절망했을 것이다. 우리는 선교사로서의 자질에 대해 말한다. 하지만 누가 그렇게 완벽하게 살 수 있을까? 최근에 나는 앤드류 머리Andre Murray가 쓴 겸손에 대한 책을 읽고서 사역을 그만 두고 싶을 정도였다. 앤드류 머리가 말하는 것을 나는 다 이해할 수 없었고, 나에게는 그만한 겸손함이 없다. 하나님의 사람들에 대한 책들을 읽고 그들의 전기를 공부할 때마다 크리스천으로서 살아가야 하는 책임감 때문에 나는 정말 절망감이 들 수밖에 없다. 나는 특히 절망감과 부족함을 느끼는 사람들에게 말하고 싶다. 당신은 여전히 문제를 안고 살아가고 있다. "믿는 사람들은 군병 같으니" 찬송을 힘차게 부르지만 그리스도의 군사로서 행진해 본 적이 전혀 없고, 이중적인 사고방식으로 살고 있는 자신을 발견할 것이다.

"부름 받아 나선 이 몸"의 찬송을 부르지만, 마음 깊은 곳에는 주님의 부르심을 따르지 않는 자신을 볼 것이다. 이러한 집회에서 영적인 진리의 찬송을 부를 때 우리는 세상 끝이라도 갈 수 있고, 대학 캠퍼스 곳곳에서 불신자들에게 당장 달려갈 수 있을 것 같지만 우리는 그 실제를 인식하며 헌신해야 한다.

만약 헌신 카드에 약속한 대로 우리가 살아간다면, 예수 그리스도를 위해 우리는 놀라운 변화를 경험할 것이다. 각 대학 캠퍼스마다 사람들을 주님 앞으로 인도할 것이다. 각 기독교 동아리는 예수 그리스도의 사랑으로 활력이 넘칠 것이다. 하나님의 강권적인 사랑으로 영혼들에게 다가가고, 그들에게 사랑을 베풀며, 예수 그리스도의 놀라운 능력을 실제로 경험할 것이다. 영국의 어느 무신론자는 복음적인 크리스천에게 "만약 당신이 믿는다고 말한 것이 진리라고 내가 믿게 된다면, 나는 깨진 유리 위에 무릎을 꿇고 영국을 돌며 사람들에게 그것을 말하겠노라."고 했다.

고등학생이었을 때 나는 사람들을 잘 웃겼고, 인기가 많았다. 농담하기를 좋아했고, 친구들을 웃기기 위해 재미난 이야기를 많이 했다. 밤이 새도록 웃고 즐기면서 나쁜 말을 하기도 했다. 나는 항상 재미있게 놀거나 아니면 모임이 끝나고 주말이 빨리 오기를 기다렸다. 왜냐하면 토요일 저녁

10시가 되면 나이트클럽에 갔기 때문이다. 또한 여자 친구들과 어울리며 뉴욕의 허드슨 강가로 몰려가곤 했다. 나는 열두 살 때부터 열여섯 살이 되기까지 거의 서른 명이 넘는 여자 친구들이 주위에 있었다.웃지 말라. 여러분들 중에 이보다 훨씬 더 많은 여자 친구가 있는 사람도 있을 것이다. 우리는 록앤롤 음악에 맞추어 춤을 추곤 했다. 그 후 트위스트 춤이 유행하기 시작했는데 내가 주님을 만나면서 그 춤을 배우지는 못했다. 나의 방에 음향 시설을 갖추어 놓고 아침에 일어날 때는 재즈 음악이나 다른 음악이 크게 울리게 했다. 나는 음악 속에 파묻혀 살았다. 우리는 주말 밤이면 파티를 열었는데 나는 정말 그 시간이 즐거웠다.

예수 그리스도를 알게 되었을 때 나는 슬프지 않았다. 무척이나 황홀하고 행복했다. 뉴욕 매디슨 광장에서 열린 빌리 그래함 목사님 전도 집회에서 예수님을 나의 구세주로 영접했을 때 내 곁에는 아름다운 금발의 여자 친구가 함께 있었다. 나는 삶을 재미있게 살고 있었다. 어떤 사람들은 당신이 슬프고, 절망하고, 혹은 죄책감에 몹시 시달릴 때만 주님 앞에 나아올 수 있다고 생각한다.

하지만 반드시 그럴 필요는 없다. 내가 진심으로 말하고 싶은 것은 하나님이 나이트클럽에서 즐거움을 찾고 있던 나를 건져 내서서 실제적이고 더 가치 있는 것을 나에게 안겨 주셨다는 점이다. 나는 한때 춤과 음악과 세상적인 것을 사랑했었다. 오늘 당장이라도 누군가가 신나는 음악을 틀어 준다면 내 몸을 가누기 힘들 정도이다. 그러나 지난 9년 동안 주말 저녁 파티처럼 밤늦게까지 나를 붙잡는 것이 있다. 그것은 바로 매주 성도들과 함께 모여 하나님의 임재 가운데 그분을 마음껏 찬양하고 예배드리며 일곱 내지 여덟 시간 동안 철야 기도를 하는 것이다.

하나님께서는 실제로 역사하신다. 그분이 정말 실제로 존재하고 계시다는 것을 분명히 말하고 싶다. 내가 예수님을 믿기 전에 함께 어울리던 친구들은 한 달 후면 내가 그들에게 다시 돌아올 것이라고 말했다. 그렇지만 나는 지난 11년 동안 한 번도 그들의 세계로 다시 돌아가지 않았다. 하나님은 신나는 록앤롤 음악이나 세상의 어떠한 달콤한 유혹이라도 무미건조한 사막의 돌덩어리로 만드실 수 있다. 예수 그리스도는 실제로 살아 역사하시고 그분의 사랑은 정말 놀랍다. 우리는 주님과 가까이 동행할 수 있고, 종종 설교로 듣는 수많은 금기 사항 없이도, 세상이 도저히 줄 수 없는 그분의 놀라운 사랑을 경험할 수 있다.

여러분 중에 많은 사람은 하나님께서 나에게는 그렇지 않을 것이라 생각할 수 있다. 당신은 "하나님이 당신을 나이트클럽에서 구해 냈지만 우리 젊은 크리스천들은 어떻게 해야 하나요?"라고 묻고 싶을 것이다. 나의 절친한 친구 한 명에 대해 이야기하겠다. 그 친구 이름은 요나단인데, 내가 미국 무디신학교에 다닐 때 학생회 리더였다. 나는 학생회 임원 활동을 하면서 그를 만났다. 요나단은 선교지에서 태어나서 선교사 부모 밑에서 자랐고, 그는 한 번도 키스를 해본 적이 없다고 말했다. 요나단과 같은 순진한 친구가 있다는 사실을 나는 믿을 수가 없었다. 요나단은 어릴 때부터 선교지에서 자라면서 지금까지 하나님을 위해 헌신적으로 살았다. 그런데 때로는 그의 헌신은 진실한 것이 아니었고, 신학 공부를 하면서도 거의 무신론자가 될 뻔했다고 말했다. 그러나 그는 신앙을 삶으로 실천하며 살아가는 다른 크리스천들을 만나면서 하나님의 능력을 실제로 경험했다. 예수 그리스도가 20세기에도 살아 계신 것을 경험하고 그의 삶을 하나님께 헌신하며 하나님의 사람으로 놀랍게 거듭났다. 내가 오엠의 아시아권 사역을 위해 옮겨 갈 수 있었던 것도 요나단에게 오엠의 전체 사역을 맡길 수 있었기 때문이다. 그는 변함없는 열정으로 일관된 삶을 살며, 나보다 더 많은 하나님의 사랑을 실제로 경험하고 있다. 그렇지만 그는 대다수의 여러분과 같이 오랫동안 믿는 가정에서 자라왔다.

예수 그리스도는 우리의 어떤 필요라도 채워 주실 수 있다. 당신이 깊은 시궁창에 빠져 있든지 아니면 선교사 자녀이든 상관없다. 그분은 바로 당신을 찾고 계시며, 오늘 저녁에 당신의 필요를 채워 주실 수 있다.

우리는 살아가면서 인간관계의 필요를 느낀다. 빌리 그래함 목사님은 그가 쓴 책인, *World Aflame*불타는 세상에서 미국은 온 나라가 섹스에 탐닉되어 있다고 말했다. 이것은 사실이며, 여러분들이 대학생활을 하면서 이겨 내야 할 가장 치열한 전투이다. 1957년에 열린 전도 집회에서 빌리 그래함 목사님은, "만약 당신이 이 전투에서 지면 전쟁에서 반드시

패할 수밖에 없다."고 강조했다. 예수 그리스도께서는 당신이 성적 영역에서 전투할 때 넉넉히 이길 힘을 주실 것이라 확신한다. 당신이 어디로 가서 무엇을 하든지 예수님께서 당신의 필요를 채워 주실 것이다. 성의 주제를 다루는 여러 기독 서적들을 구입하여 정독하기를 바란다. 그러나 당신의 감정적 필요를 충분히 채워 주시는 예수 그리스도를 경험할 때 책에서 말하는 그분의 능력을 당신의 삶에서 실제로 경험하게 될 것이다.

그분이 당신의 필요를 채워 주고, 당신이 그 전투에서 승리하고 하나님의 능력을 실제로 경험하면, 당신이 어디로 가든지, 선교지 아닌 곳에서도 하나님의 사람이 될 수 있다.

나는 완벽주의를 말하는 것이 아니다. 내가 여러분에게 어떤 영적 환각제를 주려고 여기에 온 것은 아니다. "이것을 믿으라. 그러면 지금부터 모든 것이 완벽하다."라고 말하지 않았다. 그렇지 않다. 예수님은 "누구든지 나를 따라오려거든 자기를 부인하고 자기 십자가를 지고 나를 따를 것이라."고 말씀하셨다. 여러분은 이것을 믿는가? 사복음서를 보면 예수님께서 이 말씀을 하신 것을 모두 기록하고 있다.

힘겨운 갈등과 전투가 있을 것이다. 승리하는 것이 쉽지 않겠지만 결국 승리할 것이다. 요한1서 5장 4절을 보면, "무릇 하나님께로부터 난 자마다 세상을 이기느니라 세상을 이기는 승리는 이것이니 우리의 믿음이니라."고 기록되어 있다.

내 성격상 마음에 내키지는 않지만, 잠시 후에 여러분들이 자신의 믿음을 표현할 수 있도록 초청할 것이다. 마치 삭개오가 뽕나무에서 내려오기를 결단하는 것과 같다. 여러분이 결단을 내릴 수 있도록 잠시 생각할 시간을 주겠다.

하지만 여러분에게 반드시 선교사가 되라고 말하는 것은 아니다. 하나님 앞에 무릎 꿇고 기도하면서 무엇을 어떻게 헌신할 것인지 스스로 결단해야 한다. 선교사들이라고 해서 자신이 사는 곳을 떠나지 않은 사람들보다 반드시 더 헌신된 사람이라고 생각하지 않는다. 내가 진심으로 믿는 것은 만약 하나님께서 당신을 목수로 부르셨다면, 예수님도 자신의 삶을 대부분 목수로 보내셨다는 것이다. 당신에게 주어진 직업과 일터를 통해 하나님의 뜻을 구하고 하나님의 뜻을 안다는 것은 우리가 가질 수 있는 놀라운 특권이다, 믿음으로 기도하며, 진지하게 헌신 카드를 작성하기 바란다.

내가 여러분을 초청하는 것은 어떤 대가를 치르더라도 당신의 삶에서 하나님을 실제로 경험하기 원하는 사람들을 위한 것이다. 이번 선교 대회에 참석하는 동안 여러분의 마음을 움직이는 무엇인가를 경험했을 것이다. 내가 그것을 여러분에게 설명할 수는 없지만 각자 나름대로 특별하게 경험한 것이 있을 것이다.

아마 여러분 중에 아직 예수님을 인격적으로 만나지 못해 예수 그리스도를 믿기로 결심하는 사람들도 있을 것이다. 혹은 여러분 가운데 자신은 크리스천이라고 생각해 왔는데 영적으로 거듭나는 경험이 전혀 없다는 사실을 성령님이 깨닫게 해 준 사람들도 있을 것이다. 우리 선교회에서 집집마다 방문하여 전도지를 나누어 주고 복음을 전하다가 전도자 자기 자신이 그동안 예수님을 인격적으로 알지 못했다는 사실을 깨닫고 그 자리에서 예수님을 믿고 영접한 사람들도 있다.

어떤 사람들은 이미 예수 그리스도를 자신의 구세주로 믿고 고백하며 영접했을 것이다. 그러나 오늘 저녁 여러분은 자신을 논리적으로 변호하지 말고 정직해지기를 바란다. 마음의 중심에 예수님을 모시지 못했다면 주님이 그 사실을 여러분에게 깨닫게 해 주시기를 기도한다. 아마 당신이 말하는 것과 실제 당신 삶에서 행하는 것이 일치하지 않는 자신을 발견하는 사람들도 있을 것이다.

오늘 저녁에 이 모든 실제를 경험할 수 없지만, 새롭게 시작해야 할 필요가 있다. 우리는 각자 살아가면서 삶에서 위기를 맞는다. 하나님을 위해 살아가는 사람들도 마찬가지이다. 각자에게 오직 한 가지 특별한 영적 위기만 있다고 믿는 것은 사단이 우리를 실족케 하는 가장 큰 거짓말이라고 생각한다. 내가 하나님의 사람들을 연구해 보았는데 그들은 모두 예외 없이 온갖 종류의 위기를 겪었고, 어떤 이들은 수없이 많은 고난을 경험했다. 그들은 위기의 긴 시간을 통과해야만 했다. 여러분이 그렇게 하기 위해서는 매일 하나님과 개인적으로 만나는 경건의 시간이 중요하다. 만약 여러분이 그것을 행동으로 실천할 준비가 되어 있지 않다면, 오늘 저녁 결단의 시간의 자리에서 일어서지 않기를 바란다.

만약 여러분이 성경공부에 진지한 관심이 없거나, 하나님의 말씀을 사모하는 마음과 순종하는 열정이 없다면 준비가 되지 않은 것이다. 우리의 무의식 중에 문제가 존재한다는 사실을 발견할 수 있다. 이중적인 삶이 우리의 무의식 중에 뿌리내리고 있다. 우리는 원하지 않는 것을 무의식적으로 말하거나 행한다. 그것은 우리가 어릴 때부터 자라온 환경에서 비롯된 깊은 문제 때문이다. 우리는 궁금해한다. "왜 내가 그 말을 했지? 왜 내가 그렇게 행동했지?" 하나님의 말씀은 이러한 무의식의 세계를 치유하는 능력이 있다고 믿는다. 그렇기 때문에 여러분은 성경공부에 진지한 관심을 가져야 한다.

"그렇지만 대학을 다니면서 하나님의 말씀을 공부할 시간이 없어요."라고 말할 것이다. 나 자신도 대학교 1학년 때 캠퍼스 이곳저곳을 뛰어다니며 바쁘게 지내느라 어떻게 성경공부를 위한 시간을 내야 할지 몰랐다. 불신자인 교수님에게서 배운 성경과목을 포함해 내가 수강한 모든 과목을 이수할 수 있었던 것은, 많은 시간을 기도로 보냈기 때문이었다.

미국 프린스턴대학교^{Princeton University}에서 철학박사^{Ph.D.} 학위를 받은 사람에게 이런 질문을 한 적이 있다. "당신이 프린스턴에서 박사 과정을 공부하면서 어떻게 예수 그리스도의 복음을 열정적으로 전할 수 있었나요?" 그는 "젊은 청년이여, 나는 매일 두 시간 동안 하나님의 말씀을 묵상하고 연구하고 기도하며 보냈습니다. 반드시 하나님의 말씀을 읽고 묵상하는 시간을 가져야 하고, 당신은 그렇게 할 수 있습니다."라고 말했다. 그래서 나는 "하나님, 저에게 시간을 주세요."라고 기도했는데 하나님께서 그 기도에 응답해 주셨다.

나는 물리학 수업 시간이 지루하게 느껴졌다. 그래서 나는 물리학 책 표지와 여러 곳에 성경 구절을 적어 넣고 틈만 나면 암송했는데, 하나님의 은혜로 수백 개의 성경 구절을 머릿속에 암송했으며, 하나님 말씀은 결국 나의 사고를 완전히 변화시켰다.

내가 열여섯 살 때부터 외설 잡지를 보기 시작했다는 것을 솔직하게 고백한다. 미국 어디서나 구할 수 있는 쓰레기 같은 외설 잡지에 대한 생각이 밀려오곤 했었다. 그러나 오늘 이 시간에 고백할 수 있는 것은 하나님 말씀의 능력으로 나의 생각이 완전히 새롭게 변화되었다는 점이다. 그 경험은 여러분이 생각할 수 있는 그 어떤 것보다 해방과 자유를 주는 것이다. 그것은 바로 예수 그리스도의 능력이며, 어떤 중독일지라도 치유되고 해방될 수 있다.

오, 젊은 청년들이여! 내가 이것을 그냥 말로만 한다고 생각하는가? 만약 그렇다면, 전 세계에서 온 수많은 젊은이들에게 물어보면 알 수 있다. 영국 캠브리지와 옥스퍼드 대학 출신의 젊은이들, 스웨덴 젊은이들을 포함해 세계 각국에서 온 젊은이들이 오엠으로 와서 함께 연합하고 사역할 수 있는 이유가 한 가지 있다면, 그것은 바로 그들의 삶과 마음 가운데 하나님을 실제로 경험했기 때문이다. 20세기를 살았든지 21세기를 살고 있든지 우리는 동일하게 예수 그리스도의 능력을 경험할 수 있다. 실패, 죄, 폭력이 존재할지라도 하나님께서는 실제로 살아 계신다. 만약 여러분이 예수님을 사랑하고 원한다면 승리는 여러분의 것이 될 수 있다.

나는 잠시 여성들에게 말하고 싶다. 나의 아내가 여기

함께하지 못해 아쉽다. 여러분은 내가 훌륭한 아내가 있어서 그리스도께 전폭적으로 헌신하여 사역할 수 있다고 생각할지 모른다. 그러나 나의 아내는 한 사람의 연약한 인간일 뿐이다.

모든 면에서 그녀는 불행했다. 깨진 가정에서 자랐고, 그의 아버지는 2차 세계대전 중에 독일에서 전사했다. 어릴 때 집에서 쫓겨나 고아원에서 자랐다. 그녀는 누군가에게 사랑받고 싶어 했다. 그래서 그녀는 결혼하고 싶은 간절한 바람이 있었다. 결혼만 한다면 모든 것이 해결될 것이라고 생각했기 때문이다. 오늘 저녁 이곳에 모인 여성들 가운데 이와 같은 생각을 하는 사람들이 많이 있을 것이다. 싱글로서는 절대로 선교지에 갈 수 없다고 생각할지도 모른다.

나의 아내는 나를 만나기 전에 예수님을 믿고 구원받았지만, 그것이 그녀의 모든 문제를 해결해 주지 않았다. 그것은 단지 시작일 뿐이었다. 새로 거듭나는 것은 시작에 불과하다고 성경은 말한다. 우리가 그것을 제대로 깨달을 수 있다면 얼마나 좋을까! 우리는 사랑에 빠졌고 서로를 알아가면서 놀랍게도 그녀에게 심각한 문제가 있다는 것을 알게 되었다.

나의 아내에게 세 가지 정신적, 신체적 문제가 있었는데 편두통, 요통 그리고 속병이었다 우리 질병의 50퍼센트는 정신적 요인 때문이라고 한다. 그러한 심신의 문제 때문에, 내 아내는 멀리 선교지에 갈 수 없었다. 우리 선교팀과 함께 멕시코에 갔었는데, 그녀는 매일 밤마다 침대에서 눈물을 흘렸다. 여러분이 상상할 수 있는 온갖 종류의 문제를 겪으며 고통스러운 나날을 보냈다. 그녀가 미국으로 돌아온 후에 도움을 받을 수 있는 책들을 읽고 노력했지만 그녀의 문제는 여전히 지속되었다.

그래서 나는 그녀와 헤어져야겠다고 생각했다. 나는 선교지로 떠나야 했기 때문이다. 어느 날 저녁 나는 우리가 함께 걷던 대학교 복도에 앉아 당신을 진심으로 사랑하지만 헤어져야 할 것 같다고 말했다. 그녀는 내 말을 듣고 완전히 좌절했다. 왜냐하면 그녀는 인생에서 그 어떤 것보다도 결혼하고 싶었기 때문이다. 그녀가 원하는 것이라곤 결혼밖에 없었다. 그녀의 병은 더욱 악화되어 갔다. 그녀는 자기 방으로 들어가 다른 사람들이 말하는 대로 주님께 모든 염려를 맡기고 기도했다. 그러나 다음 날 아침에도 증상은 계속되었고, 온종일 고통에 시달려야만 했다.

나흘째 되던 날 그녀는 성경을 묵상하며, 예수 그리스도 께서 모든 필요를 채워 주시는 구세주가 되신다는 놀라운 진리를 깨달았다. 그분은 감정이나 지식이나 우리의 모든 필요를 채워 주시는 분이다. 그녀는 방에서, 고요한 가운데 하나님 앞에 무릎 꿇고 오늘 저녁 여러분에게도 요청할 것이다 기도했다. "주님, 당신은 저에게 승리를 주실 것을 믿습니다. 당신은 내가 필요로 하는 모든 것이 되십니다. 이제 저는 조지 버워 없이도 선교지에 갈 수 있습니다."

그러자 놀라운 평안과 기쁨이 그녀의 마음속에 흘러넘쳤 고 모든 질병은 기적적으로 치유되었다. 그때 이후 그녀는 전 세계를 다니며 온갖 어려운 환경에서도 예수 그리스도 를 위해 헌신하며 개척적인 선교 사역을 해 왔다.

주님께 헌신하려고 할 때 사람들은 "조심해야 해."라고 말한다. 오늘 저녁 이 자리에도 "조심해! 그냥 감정적으로 헌신하는 것이 아니야."라고 말하는 사람들이 있을 것이다. 그렇지만 우리는 감정적으로 무엇이든 열심히 할 수 있다. 나는 아침 6시가 되면 집에서 기분 좋게 노래를 부르고, 소리를 지르며, 온갖 활동을 하곤 했다. 내가 다니던 학교에서 나는 가장 미친 듯이 열정적이었다. 나는 운동장으로 뛰쳐나가 소리를 지르고, 드럼을 연주하며, 미식축구에서 무엇이든지 잘할 수 있었다. 그래서인지 나는 학생회 회장으로 선출되었다.

그러나 만약 여러분이 그리스도를 위해 소리치기 시작한다면, 만약 여러분이 주님과 함께 감정적인 경험을 한다면 그분을 실제적으로 만날 수 있다. 여러분이 그분을 위해 사랑으로 헌신하게 되면 사람들은 여러분을 광신적이라고 하며, "조심해, 감정은 차츰 사라질 거야."라고 말할 것이다. 내가 빌리 그래함 전도 집회에서 예수님을 나의 구세주로 믿고 영접했던 그날 저녁에도 사람들은 나에게 그렇게 말했다. 그러나 성령 하나님과 계속적으로 교통하며 영적으로 양육을 받으면서 경험한 감정은 결코 사라지지 않았다.

그러한 경험을 말해 줄 수 있는 수많은 사람들을 소개할 수 있다. 런던의 공산주의자들, 프랑스 파리 뒷골목 출신의 소녀들, 인도 남부의 힌두 사원에서 온 소년들, 자살하기 위해 독성이 강한 약을 마시던 젊은 남자들 등 예수님을 만난 후 그분의 능력을 실제로 경험한 사람들의 이야기를 끝없이 해 줄 수 있다.

젊은이들이여, 기독교는 관념적이 아니라 실제적이다. 그것은 여러분이 진심으로 "예수 그리스도여 당신은 내가 원하는 모든 것이 되십니다."라고 믿고 고백할 때 가능하다. 예수님 외에 다른 이것저것 혹은 전도도 필요 없다. 나로서는 예수님 외에 오엠선교회를 더 보태는 것도 아니다. 예수 그리스도이어야 하며, 오직 그분 한 분만으로 충분하다.

만약 당신이 모든 것을 내려놓고, "예수 그리스도는 내가 원하는 모든 것이 되십니다."라고 기도하면, 하나님께서는 여러분의 이중적인 사고방식을 깨뜨리고 크리스천으로 살아오면서 알지 못했던 하나님을 실제적으로 경험하게 하실 것이다. 나는 이 사실을 분명히 믿는다. 여러분이 이 사실을 기억하고 하나님께서 여러분을 이끄시는 대로 행동으로 옮길 수 있기를 기도한다.

골로새서 2장 9-10절에 "그 안에는 신성의 모든 충만이 육체로 거하시고 너희도 그 안에서 충만하여졌으니 그는 모든 통치자와 권세의 머리시라."고 기록되어 있다.

젊은이들이여, 예수님은 여러분에게 이중적인 삶이 아니라 풍성한 삶을 주셨다. 이것을 반드시 기억하라. 그분 안에서 이중적인 두 사람이 아니라 온전한 한 사람이 되는 것이다. 오늘 저녁 이 시간, 여러분을 주님 앞으로 초청하며 이렇게 기도하기 바란다. "예수 그리스도여, 당신이 나의 모든 것이 되십니다. 나는 당신을 따르겠습니다. 당신이 원하는 것이라면 무엇이든지 하겠습니다."

큰 전환기

2003년 8월, 영국 케직Keswick에서 약 2천여 명의 오엠 사역자들과 후원자들이 모인 가운데 오엠 총회가 개최되었다. 그 자리에서 나는 46년 동안 이끌어 왔던 국제오엠선교회의 리더십을 피터 메이든Peter Maiden에게 기쁜 마음으로 넘겨주었다. 내 삶에서 일어난 이러한 변화에 내가 어떻게 적응할지 걱정하는 사람들도 있었다. 이 점을 깊이 생각해 볼 때 7가지 핵심단어가 떠올랐다. 나의 역할 변화를 경험하는 동안 그 핵심단어들은 하나님의 은혜요, 주님을 섬기게 하는 동기부여가 되었다. 또한 그분의 역사를 실제로 경험한 것을 잘 말해 주고 있으며, 지금까지 나의 삶의 여정 가운데

버팀목이 되어 왔다.

변화

나는 새로운 변화를 크게 환영하고 지지한다. 지난 수년 간 오엠 사역에서 전체적으로 많은 중대한 변화를 이끌어 내는 축복을 경험했다. 처음에는 동의하지 않았을지라도 나는 변화를 기꺼이 받아들이는 법을 배웠다. 이것을 배우는 데는 결혼생활이 크게 도움이 되었다. 변화가 일어날 때, 관계가 도전을 받는다. 연합하는 것이 매우 중요하며, 다양 성 가운데 하나님이 허락하시는 연합이 존재한다. 연합을 이루기 위해서 때때로 다른 사람들의 계획과 아이디어에 내가 양보하고 타협하며 대가를 지불해야 한다.

사람

이전에 비해 나는 사람들을 사랑하고 섬길 수 있는 기회 가 더 많다. 실제로, 이제 사람들을 개인적으로 만날 수 있 는 더 많은 시간과 자유를 누리고 있다. 이 말이 어떤 사람 들에게는 이상하게 들릴 수 있지만, 나는 선교 기관을 이

끌어 오면서 다른 리더들과 사역자들에게 시간을 할애하기 위해 많은 노력을 해야만 했다. 이제 나는 이러한 책임감에서 해방되어 그리스도를 모르는 사람들과 보내는 시간이 실제로 더 많다. 사실 이것이 선교의 핵심이 되어야 한다.

기도

약 50년 전, 내가 회심한 이후 지금까지 기도는 나의 가장 큰 열정 가운데 하나였다. 이제 나는 과거 어느 때보다 더 많이 기도한다. 실제로, 예배, 찬양, 중보기도를 포함하여, 기도하기 위해 더 많은 시간을 낼 수 있다.

말씀 선포

나는 17세에 처음 말씀을 전하기 시작했고, 지금까지 2만 번 이상 메시지를 전했다. 하나님은 나에게 여전히 말씀을 전하고 가르치도록 사명을 주신다. 하나님의 은혜 가운데 나는 세계 곳곳을 다니며 말씀을 전하도록 초청을 받는다. 나의 역할에 변화가 생긴 후 전 세계적으로 수백 번이나 집회를 인도해 왔다. 주님이 나에게 힘과 목소리를 허락하시는 한 나는 이 사역을 계속하고 싶다.

프로젝트

내가 오엠 총재직에서 물러난 후 나에게 특별 프로젝트를 진행할 수 있는 기회가 주어졌다. 이 프로젝트는 주로 문서 사역과 영상과 관련된 일이다. 특별한 프로젝트를 위해 모금을 하고 그것을 책임 있게 추진하는 사역 팀이 구성되어 있다. 나는 항상 내가 감당할 수 있는 것보다 네 배나 많은 일을 떠맡는 경향이 있다. 그렇지만 나는 그러한 도전적인 일 때문에 정말 행복하다. 전 세계적으로 진행하는 프로젝트 때문에 내가 오엠에서 과거에 가졌던 리더십 역할을 생각할 만한 시간적 여유가 없다.

신뢰

나는 하나님의 일을 해 온 지난 모든 세월을 통해 항상 믿음으로 행하고 하나님을 철저하게 신뢰하는 법을 배웠다. 믿음으로 행하는 우리의 모든 사역에 하나님께서 그분의 의로운 손으로 지켜 주시고 항상 함께하실 것을 믿는다.

비전

나의 역할은 바뀌었지만 나의 비전은 변함이 없다. 기도, 선교동원, 세계선교, 제자도를 위해 나는 여전히 강력한 비전을 갖고 있다. 그 비전 때문에 나는 매일 매 순간마다 삶과 사역에 동기부여를 받는다. 최근 하나님은 내가 사회적 관심과 실천에 더 큰 비전을 갖고 헌신하도록 인도하셨다.

그것은 나 자신을 돌아보면서 내가 무엇을 해야 하는가에 대한 응답이었다. 그러나 그것은 나 자신에 대한 것이 아니라, 우리는 모두 큰 변화 가운데 살아가고 있다는 점이다. 마지막으로 나는 이 책을 읽는 사람들과 자신의 삶에 변화나 전환기를 겪고 있는 사람들을 위해 기도하며, 그들에게 하나님의 은혜가 강하게 임하기를 기도한다. 나는 신앙생활을 해 오면서 항상 많은 어려움을 경험했고, 여전히 배울 것이 많다. 나와 같이 부족한 사람이 노년의 나이에도 계속 믿음의 경주를 달려 갈 수 있다면, 어느 누구도 변명할 여지가 없다. 절대 포기하지 말고 믿음의 경주를 계속하라.

Drops from a leaking tap

사랑의 혁명*

미국 뉴저지 주 출신인 조지 버워는 국제오엠의 설립자이
자 총재로서, 그동안 세계복음화, 전도, 제자훈련, 교회 개
척 등의 사역을 해 왔다.

조지 버워는 65세 생일을 맞이하여 영국 출신의 피터 메
이던Peter Maiden에게 오엠 총재직을 넘겨주었다. 케직 사경회
가 열리는 영국 케직에서 2천여 명의 오엠 리더들과 후원자
들이 모인 가운데 국제오엠 총재직의 취임식을 가졌다.

그는 "피터 메이던은 원래 오엠의 영국 사역을 잘 이끌어

---

* 뉴스 어시스트 서비스(News Assist Service)의 창립자로서 전 세계 기독교계의 기자로 유명한 댄
우딩(Dan Wooding)이 2003년, 조지 버워와 인터뷰한 내용을 요약 정리한 것이다. 역자 주.

오면서 지난 20년 동안 훌륭한 리더십을 보여 주었습니다. 나는 그에게 총재직을 넘겨준 것을 기쁘게 생각합니다."라고 말했다. 그는 은퇴한 후에도 영국 런던의 작은 집에서 지내며 특별 프로젝트 사역을 계속할 것이라고 했다.

그리스도의 몸을 위한 리더

"나는 이제 오엠 사역에 얽매이지 않고 저술 활동, 교육, 설교, 후원금 모금과 관련된 주된 사역을 계속할 것이다. 이 사회 이사장을 더 이상 맡지 않을 것이고, 기쁜 마음으로 오엠 리더십을 내려놓을 것이다. 이제는 시간을 더 많이 낼 수 있기 때문에 오엠 사역을 넘어 그리스도의 몸 전체를 위해 섬기고자 한다. 나는 그동안 다른 여러 선교 단체들과 협력해 왔다. 한때 AD 2000 운동의 일부였던 세계복음주의연맹 World Evangelical Alliance의 선교동원 네트워크Mission Mobilization Network 분과를 책임 맡고 있다.

나는 이제 영국 정부로부터 노후 연금을 받게 될 것이지만 아내와 나는 항상 재정적으로 후원을 받으며 살아왔다. 지난 15년 동안, 우리는 받은 후원금의 20퍼센트는 생활비로 쓰고 나머지 80퍼센트는 문서 사역과 다른 선교 사역을 위해 사용했다.

지난 30년 동안 특별 프로젝트 사역Special Projects Ministries을 해 왔는데 내가 이 사역을 계속 맡을 수 있게 되었다. 이것은 자선 네트워크 후원금을 통해 문서 사역과 다른 미디어 프로젝트를 진행하는 것인데, 에이즈 환자들을 위한 새로운 사역도 포함된다. 앞으로 이러한 사역을 위해 온 마음으로 더 많은 시간을 투자하고자 한다."

예수 그리스도와의 만남

조지 버워는 16살이 되던 해에, 미국 뉴욕 메디슨 광장에서 열렸던 빌리 그래함 전도 집회에서 예수님을 구세주로 영접했다. 그는 뉴저지 북부로 돌아와서 1년 동안 약 2백 명의 학교 친구들에게 복음을 전하고 그들을 주님 앞으로 인도했다.

그 후 조지는 예수 그리스도의 복음을 해외에서 전해야겠다는 강한 소명을 갖게 되었다. 1957년, 그는 다른 두 친구들과 함께 멕시코로 가서 요한복음을 나누어 주고 선교 사역을 시작했다. 방학과 휴가 때마다 다른 사람들과 함께 멕시코로 가서 선교 사역을 계속했다. 조지는 메리빌 대학을 다니다가 신학을 공부하기 위해 무디신학교에 편입했는데, 그곳에서 학생 동료인 드레나를 만났고 그녀는 나중에 그의 아내가 되었다. 그들은 결혼한 후에 젊은이들을 대상으로 제자훈련 사역을 함께 이끌어 갔으며, 동시에 세계복음화를 위해 철저하게 헌신하며 선교 사역을 펼쳐 나갔다.

조지 버워는 그동안 놀랍게 성장한 오엠 사역을 다음과 같이 소개했다.

1957년 - 뉴저지에서 집집마다 방문하며 복음을 전하기 시작했는데 나의 삶에서 가장 중요한 시기였다. 뉴욕에서 다시 열린 빌리 그래함 전도 집회에 참석한 후 나는 월터 보차드Walter Borchard와 데일 로턴Dale Rhoton과 함께 바로 멕시코로 떠났다. 우리는 놀라운 기도 응답을 경험했고, 하나님께서 다른 나라에서도 우리와 같은 젊은이들을 사용하신다는 것을 발견했다. 하나님의 섭리 가운데 우리는 메리빌대학에서 다시 만나 다양한 캠퍼스 사역에 동참했다. 성령의 놀라운 역사를 경험했고, 나의 삶은 하나님의 말씀을 통해 계속 변화되었다.

데일 로턴은 1957년 가을 학기에 그리고 월터 보차드는 6개월 후에 각각 휘튼대학교로 편입했고, 나는 무디신학교로 옮겨 갔다. 무디신학교에서 곧 나의 아내 드레나를 만났고, 1960년 1월 30일에 결혼했다. 그녀는 한 해 전 여름방학과 크리스마스 기간에 멕시코 선교에 함께 참여했었다. 그 후 나는 무디신학교에서 만난 다른 네 명의 사람들과 함께 멕시코 몬테레리Monterrey와 살티요Saltillo로 가서 첫 기독 서점을 열었고 다른 선교 사역도 펼쳐 나갔다. 발데마르 아길라 Baldemar Aguilar는 우리 첫 현지인 전임 사역자가 되었다. 마침내 뉴저지에 있는 소수의 비즈니스맨들이 중심이 되어 이 사회를 만들었고, 하나님께서 나에게 주신 "빛을 발하라" Send the Light라는 이름으로 비영리 법인단체를 등록했다.

1959년 - 우리는 시카고를 중심으로 세계선교 비전을 나누며 모임을 계속 가졌다. 우리는 무디신학교에서 미전도 종족들을 위한 저녁 기도회를 갖기 시작했으며, 특별히 공산권과 이슬람 나라들을 위해 집중적으로 기도했다. 그 해 여름과 크리스마스 기간에 우리는 더 큰 그룹을 만들어 멕시코 여러 도시를 순회하며 수많은 사람들에게 복음 전도지를 나누어 주고 더 많은 기독 서점들을 열었다.

1960년 - 우리의 선교 비전은 휘튼대학교와 엠마우스대학교Emmaus College 외에도 여러 대학교로 확장되어 갔다. 데일 로턴은 진로를 놓고 기도하며 심사숙고 끝에 우리와 함께 하기로 결정하고, 복음이 필요한 나라인 터키를 위해 헌신하기로 했다. 로저 말스테드Roger Malstead와 다른 사람들도 데일과 같은 비전을 품고 함께 헌신했다. 드레나와 나는 결혼한 직후 멕시코로 다시 돌아가 그곳에서 더 많은 기독 서점을 열었고, 다양한 선교 사역을 펼쳐 나갔다. 그 후 멕시코 현지인 리더들에게 우리 사역을 이양해 주었으며, 딕과 헬렌 그리핀Dick and Helen Griffin이 장기 선교사로 파송되어, 그곳에서 지금까지 신실하게 선교 사역을 해 오고 있다. 우리는 그 해 여름에 미국으로 돌아와 비전을 계속 나눈 후 스페인을 향해 떠났고, 10월 29일 하나님께서 우리 가정에 첫 아들 벤자민을 선물로 주셨다. 우리는 곧 스페인 마드리드에 기독 서점을 열고 다른 전도 사역을 시작했는데, 스페인 전국 각지로 우편 통신문을 발송하며 하나님의 말씀을 전했다. 얼마 후 스페인 형제자매들이 믿음으로 합류했고, 우리 사역은 급속하게 성장하고 확장되었다.

1961년 - 그 해 여름 로저 말스테드와 내가 구소련에서 엉뚱한 실수를 하는 바람에 비밀경찰KGB에 의해 미국 스파이로 의심받고 체포되었다. 심문 끝에 결국 우리의 종교적 목적이 확인되었고, 우리는 오스트리아 국경까지 호위를 받으며 추방되었다. 그 사건을 겪은 후로 나는 기도로 집중하며 하루를 보냈다. 그때 하나님께서 나에게 새로운 비전과 함께 "오엠"이라는 이름을 주셨다. 그 비전은 유럽에 있는 하나님의 백성을 도전하고 동원하여 유럽 사람들에게 복음을 전하게 하고, 무슬렘과 공산권 나라들로 가서 복음을 전하는 것이었다. 미국에서 온 열두 사람과 스페인에서 온 몇 사람들이 합류하여 스페인 마드리드에 모여 처음으

로 유럽 선교 수양회를 열었다. 우리 사역에 대한 비전 선언
문 시안을 믿음으로 작성해 전 세계적으로 배포하고 알렸
다. 우리는 수양회를 마친 후 여러 나라로 흩어져 선교 사역
에 임했고, 그때 터키가 우리의 사역지 중 가장 우선순위가
되었다.

  1962년 - 1961년 말에 나는 선교 전략을 세우기 위해 멕
시코와 미국을 잠시 방문했다. 1962년 초에 나는 가족과 함
께 런던으로 옮겨 갔는데 그곳에서 사역의 장과 기회가 많
이 생겼다. 그 해 여름, 프랑스 파리에서 열렸던 선교 수양
회에 참석한 약 2백 명의 사람들이 유럽 전역으로 흩어져
여러 언어로 제작된 복음 전도지 약 2천5백만 장을 나누어
주었다. 하나님께서 나에게 주신 오엠이라는 단체 이름을
그때 처음 사용했는데, 지금까지 그 이름과 비전을 변함없
이 붙잡고 있다. 그 해 9월에는 훨씬 더 많은 사람들이 스페
인 마드리드에 모였으며, 미래 사역에 대한 하나님의 인도
하심을 기다렸다.

1963년 - 그 해는 어떤 면에서 오엠 역사의 중요한 전환점이 되었다. 여름 단기 선교 사역에 약 2천 명이 참석했다. 우리는 팀을 이루어 100여 대가 넘는 자동차에 전도지를 싣고 전도의 장도에 올랐다. 여름이 끝날 무렵 주요 컨퍼런스 장소를 영국 북쪽으로 옮겨 진행했고, 그곳에서 영국 오엠의 이사회를 조직했다. 이 컨퍼런스에서 첫 인도 선교팀이 파송되었다. 그 당시에는 영국에서 인도까지 가려면 자동차로 한 달이 걸리는 매우 힘들고 어려운 여정이었다. 나는 그다음 해 인도 뉴델리에서 인도팀을 다시 만났으며, 나의 삶에서 놀라운 변화를 경험했다. 몇 주 동안 나는 인도를 두루 다니면서 하나님께서 나와 아내를 이 나라로 부르시고 계신다는 사실을 느꼈다.

1964년 - 우리가 1962년 여름 단기선교 사역준비를 돕기 위해 네덜란드로 옮겨 갔던 그 해 11월에 둘째 아이, 다니엘이 태어났다. 1964년 6월 30일에 셋째 아이, 크리스타가 태어난 후 3개월 만에 우리 가족은 모두 인도 봄베이로 옮겨 갔다. 우리는 그레그 리빙스톤Greg Livingstone과 토마스 사무엘Thomas Samuel 같은 사역자들과 팀을 이루어 인도 전역을 다니며 복음을 전했다. 이것은 어떤 면에서 오엠에서 가장 열매 맺는 사역이 된 인도 선교의 시발점이 되었다. 주요 문서 사역의 출범과 더불어 다른 많은 사역을 동시에 진행하면서 그 후 수년에 걸쳐 우리는 그야말로 인도에 있는 귀중한 사람들 수백만 명에게 하나님의 말씀과 복음을 전할 수 있었다.

1965년 - 이때부터 3년 동안 우리 가족은 해마다 6개월은 인도에서 그리고 나머지 6개월은 유럽에서 보냈다. 더 많은 사람들이 장기 사역자로 헌신했고, 매년 9월에는 리더십 훈련과 신임 사역자 컨퍼런스new recruits' conference를 열었다. 이것은 20년 넘게 지속되었고, 결국 10만 명이 넘는 사람이 2년 이상 단·장기 선교 사역에 참가했다. 그 사이 영국 사역은 크게 두 가지로 발전되었다. 키이스 벡위스Keith Beckwith가 영국 오엠 사역을 전체적으로 이끌었고, 존 와트John Watt가 STLSend the Light이라는 이름으로 문서 사역을 별도로 책임졌다. 1966년 12월에 두 사람은 모두 폴란드에서 교통사고로 목숨을 잃게 되어 우리 가족은 영국 런던으로 돌아왔고, 게리와 진 데이비Gerry and Jean Davey는 스페인에서 돌아와 STL 사역을 맡았다.

1966년 - 영국 랭커셔Lancashire의 볼턴Bolton에서 9월 선교 컨퍼런스 기간 중, 우리는 카페로 사용하던 건물을 기독 서점으로 개조한 작은 방에서 모임을 가졌는데 이때 우리는 선교선에 대한 생각을 처음으로 나누었다. 나는 그 비전을 소수의 몇 리더들에게만 나누었는데, 주님의 인도하심을 기다려야 한다는 사실을 알았다. 그 후 2년에 걸쳐 많은 연구와 조사를 해야 했다. 한편 오엠 사역은 다른 여러 나라에서 계속 성장해 갔으며, 데일 로턴이 터키에서 추방되어 동유럽의 리더가 되면서 오엠은 철의 장막인 공산권 선교로 사역을 확장했다.

1967년 - 인도에서의 선교 사역은 매우 급속하게 성장했으며, 인도 사역과 함께 선교선에 대한 비전과 부담도 더욱 커져 갔다. 하지만 나는 잘못된 보고로 인도출입국관리소

의 명단에 오르면서 추방되었다. 이 일은 우리가 한걸음 후
퇴하는 것처럼 보였지만, 이로 인해 인도 현지인 리더십이
성장했을 뿐 아니라 사역이 더 발전하는 계기가 되었다. 알
피 프랭크스Alfy Franks와 레이 아이허Ray Eicher가 인도에서 주요
리더십 역할을 맡게 되었고, 나는 그 후 20년 동안 남아시아
지역을 이끄는 리더로 섬기면서, 인도 전국에서 오는 리더
들을 종종 네팔에서 만나며 그들을 위한 리더십 훈련 사역
을 했다.

1968년 - 인도 입국이 거절되었기 때문에 우리 가족은
네팔로 옮겨 그곳에 살면서 사역을 했다. 우리는 네팔에서
EBEEducational Books Exhibits라는 단체 이름으로 활동했으며, 나
중에 이 단체 명의로 오엠의 첫 선교선인 로고스 배를 공
식적으로 등록했다. 유럽과 다른 사역지에서 진행된 여름
단기 사역을 통해 우리는 양육 사역과 교회 개척에 중점
을 두었다. 프랑스에서, 마이크 에반스Mike Evans는 가장 뛰
어난 리더들 가운데 한 사람으로서 그곳에 더 많은 교회들
을 개척하고 싶어 했다. 그는 1970년과 1971년 두 해 여름

에 걸쳐 프랑스 전국 곳곳마다 복음을 전하는 사역을 이끌었으며, 큰 노력을 기울였다. 그때 파렐Farel이라는 프랑스어 출판사를 등록하여 문서 사역을 했고, 나중에 그 출판사는 오엠에서 독립해 지금까지 문서 사역을 계속해 오고 있다.

1969년 - 조나단 맥로스티Jonathan McRostie는 오엠의 유럽 사역을 훌륭하게 이끌어 나갔다. 매년 여름에는 단기 선교 사역이 진행되었고 더 많은 사람들이 1년 혹은 더 오랜 기간 동안 사역에 동참했다. 물론 많은 문제가 존재했고 재정적인 어려움도 있었다. 때로는 사역과 재정 압박 때문에 긴장하기도 하고 분열도 있었지만 그때마다 우리는 반복해서 놀라운 기도 응답을 받았다. 결국 장기 사역자들을 하나로 연합하고 단기 사역팀과 함께 더 효과적으로 사역할 수 있도록 도우시는 분은 하나님이셨다. 멕시코 사역은 딕 그리핀Dick Griffin의 리더십 아래 계속 성장했고, 폴과 일세 트로퍼Paul and Ilse Troper는 20년 동안 미국 사역을 이끌어 갔다. 우리는 모든 사역을 통해 항상 교훈을 얻었고, 특히 하나님의 은혜에 대해 많은 것을 배울 수 있었다.

1970년 - 사역이 계속 성장하면서 우리는 선교선 사역을 시작해야 할 때가 왔음을 느꼈다. 그래서 나는 배 사진과 함께 구체적인 자료와 기도제목을 나누었다. 그래함 스콧 Graham Scott 선장이 믿음으로 시작한 우리의 비전에 동참하여 여러 교회를 방문하며 선교선을 소개했다. 그러자 배를 구입하는 데 필요한 재정이 들어왔고 배를 움직이는 데 필요한 사람들이 모여들기 시작했다. 마침내 그 해 10월 우리는 덴마크 정부로부터 우마낙Umanak이라는 이름의 배를 구입해 로고스Logos로 이름을 바꾸었다. 1988년, 이 배가 좌초되기까지의 사역과 간증을 쓴 책인 『로고스 스토리』2014, 좋은씨앗를 꼭 읽어 보기 바란다.

1971년 - 우리 가족은 네덜란드 로테르담에 있던 로고스 배로 옮겨 갔다. 구입한 배를 선교선으로 사용하기 위해 그곳에서 수리 작업을 하고 있었다. 얼마 후 우리 가족은 로고스 선교선에 직접 승선하여 아프리카를 지나 인도까지 멀고도 긴 항해길에 올랐다. 우리 가족에게는 가장 힘든 시기였지만 동시에 가장 감격적인 시간이기도 했다. 마침내 배가 인도의 코친Cochin에 입항했을 때 오엠 사역자들이 작은 배에 나누어 타고 와 우리를 반겨 주었다. 나는 하나님께 모든 감사와 찬양을 드리며 감격의 눈물을 흘렸다. 그 후 우리가 기대했던 것 이상으로 하나님께서는 로고스 선교선 사역을 축복해 주셨고, 1977년에는 둘로스, 1990년에는 로고스 2, 그리고 2008년에는 로고스 호프 선교선을 허락해 주시며 선교선 사역이 계속되도록 축복해 주셨다.

조지 버워는 다음과 같이 말하면서 인터뷰를 마무리했다.

"우리 사역에서 최우선 순위가 되는 것은 여전히 복음 전파이다. 그러나 과거 오엠 사역 가운데 가장 큰 변화는 주님의 인도하심에 따라 총체적인 선교 사역을 추구한다는 점이다. 우리는 인간의 필요에 대한 전인격적인 관심을 가져야 한다. 오엠 사역은 변화되었고 어떤 사람들은 그것을 염려하기도 한다. 우리는 지진과 홍수 피해자들 그리고 빈곤

층을 위해 구제 사역을 펼치고 있다. 또한 HIV/AIDS 환자들을 위해 도전적인 사역을 하고 있다. 각 사역지마다 장점을 살려 나가며 필요한 재정도 마련해 나가고 있다. 우리는 하나님의 말씀과 우리의 사역을 돕는 사람들을 통해 이 일을 하고 있지만 항상 어려움과 문제에 직면한다는 점을 알고 있다. 우리의 사역과 운동은 많은 경건한 하나님의 사람들로부터 영향을 받는다. 우리가 하는 모든 사역과 운동은 전도와 기도가 중심이 되어야 하고, 전도에 100퍼센트 헌신되어야 한다. 내가 나이가 들어 오엠 리더십에서 물러났지만, 오엠 사역은 여전히 젊고 생명력이 넘칠 것이다.

7가지 핵심 가치

오엠은 배우는 자로서 세계선교 최전선의 군사로 나서는 자들이 모인 크리스천 공동체이다. 초국가적이고 초교파적인 운동으로, 공동체를 이루어 특히 젊은이들을 위한 전도와 제자훈련에 집중한다. 다양한 본부 사역 혹은 선교 현지 사역을 통해 팀으로 함께 일하며 훈련을 받는다. 우리의 젊은이들은 대중적인 복음 전도를 하고, 신자들을 위해 특별히 문서 사역을 강조하며, 다양한 방법으로 복음을 전한다. 우리는 하나님의 말씀을 통해 그분의 뜻을 배우고 가르치는 그리스도의 제자들이 되기를 갈망한다.

우리에게 가장 중요하고 강력한 7가지 핵심 가치가 있다.

하나님께서 기회를 주시는 대로 다른 어떤 것보다 다른 사람들과 이 핵심 가치를 나누며 이를 우리 삶에 실천하고자 한다.

예배와 기도

우리가 드리는 예배는 우리가 일하고 행하는 어떤 희생보다도 더 중요하다. 예배는 하나님 그분이 누구이신지를 경배하고 찬양하는 것이다. 예배와 전도는 하나님과 교제하는 삶에서 그때그때 흘러나와야 한다. 예배는 여러 측면에서 기도를 위한 기초가 되며, 영적인 삶과 하나님의 목적을 성취하는 데 가장 기본이 된다.

A.W. 토저A. W. Tozer는 "예배는 복음주의 교회가 잃어버린 보석"이라고 말한다. 우리는 그 예배를 다시 회복하여 제자리에 돌려놓아야 한다. 우리가 예배에 관해 논하고 그것의 중요성을 인식하는 것도 중요하지만, 매일의 삶과 공동체에서 함께 노력하며 실제적인 삶으로 예배를 드리는 것이 더 중요하다. 그것은 우리가 예배, 찬양 그리고 모든 형식의 기도, 특히 중보기도를 하는 삶으로 훈련되어야 한다는 것

을 의미한다.

사랑과 용서

사랑과 용서의 메시지는 오늘날 교회에서 가장 흔히 들을 수 있는 입에 발린 말(lip service)이 되었다. 나는 특히 그 메시지가 진리에 근거할 때 사랑을 지나치게 강조하는 것은 불가능하다고 믿는다. 하지만 사랑과 진리는 우리에게 필요한 영적 균형을 만들어 준다. 나는 *The Revolution of Love*(사랑의 혁명)라는 책을 썼는데, 이것이 여러 언어로 번역되고 출판되어 수많은 독자들로부터 놀라운 반응을 얻었다. 우리가 영적 전쟁에 임할 때, 우리에게 동기부여가 되는 것은 율법적인 규칙이나 우리 자신을 증명하는 것이 아니라 예수 그리스도 안에서의 용서와 하나님의 사랑을 근거로 한 것이다.

은혜는 우리가 하는 모든 일의 핵심 단어이자 기본 원리이다. 우리가 하는 모든 사역에서 가장 강조하는 것이 바로 은혜이다. 우리는 고전도전서 13장을 암송해야 하고, 사랑은 융통성과 적응력이 있고 모든 일에 중심이 되어야 함을 항상 기억해야 한다. 요한1서 4장 20절은 "보는 바 그 형제를 사랑하지 아니하는 자는 보지 못하는 바 하나님을 사랑할 수 없느니라."고 했다. 또한 요한복음 15장 10절에서 예수님은 "너희도 내 계명을 지키면 내 사랑 안에 거하리라."고 말씀하시며 가르치셨다.

승리하는 삶과 성령충만

우리는 승리하는 삶, 성령충만한 삶 그리고 성령의 지배를 받는 삶을 살아야 한다는 사실을 믿고 있다. 이것은 우리가 죄를 지었을 때 어떻게 해야 하는지를 알려 준다요일 2:1. 이는 특별한 영성이 아니라 전적으로 실제적인 삶이다.

신약성경의 여러 곳에서는 이러한 승리의 삶을 강조한다. 예수님께서 가르치신 대로 승리하는 삶이란, 자신을 부인하고 자기 십자가를 지며 그분을 따르는 삶이다. 히브리서 4장의 말씀처럼 그것은 우리를 통해 역사하시는 성령 안에서 믿음의 안식rest of faith을 누리는 것이다. 우리는 승리하는 삶과 영적인 능력을 소개하는 훌륭한 도서, CD/DVD, 비디오, 영화 등을 적극적으로 활용할 것이며, 모든 영역에서 영적인 균형을 유지하기 위해 모든 노력을 기울일 것이다. A.W. 토저는 "더 열성적인 크리스천일수록 더 미혹당하기 쉽다."고 말했다.

우리는 그리스도 안에 있는 이 놀라운 삶에 대한 각기 다른 표현과 용어에 관한 논쟁을 원하지 않는다. 하나님은 각 사람마다 다른 방법으로 역사하신다. 이것은 영적 위기를 통해 실제로 경험하는 것이며, 그 위기는 과정을 거쳐야 한다. 성령충만한 삶은 끝이 아니라 단지 시작일 뿐이다. 그것은 배우는 마음으로 주님과 항상 동행하며, 끊임없이 성장하고, 더 높은 곳을 향해 계속 달려가며 더욱 영적인 삶을 추구하는 것이다.

그리스도의 주권과 충만하심

이것은 하나님께서 우리 마음에 주신 우리를 가장 자유롭게 하는 강력한 메시지 중 하나이다. 우리는 그리스도 안에서 자유와 능력을 경험한 수천 명의 사람들이 변화되는 것을 보았다. 그들은 예수님을 삶의 주인으로 모시며 매일을 살아간다. 예수 그리스도가 왕이시며, 자아는 죽고 예수로 사는 삶이다. 많은 하나님의 사람들이 절망감과 패배감을 경험하는 것을 이해해야 한다. 우리가 필요한 것은 '이것 혹은 그것을 해야 한다'는 또 다른 율법주의가 아니라 우리 주 예수 그리스도의 혁명적인 삶이다. 우리가 필요한 것은 단지 원칙이나 원리가 아니라 예수님 그분 자체이다. 10년 전, 예수님이 우리 삶에 행하신 일을 간증하는 것도 좋다. 그러나 그 후에는 어떻게 되었는가? 예수님께서 이번 주 혹은 오늘 무슨 일을 하셨는가? 우리 삶을 변화시키시는 예수 그리스도의 능력을 다른 사람들에게 전해야 한다. 이를 통해 다른 사람들이 이러한 삶의 방식대로 살도록 격려할 수 있고, 그들을 회심의 길에 들어서게 할 수 있다.

정직과 참된 진솔함

정직과 진솔함은 오늘날 하나님의 백성에게 절실히 필요하다. 우리가 쓰고 있는 가면을 벗어 버리고 우리 자신을 정직하게 바라보아야 한다. 빌리 그래함은 우리가 성화에 이르는 데 가장 큰 걸림돌이 되는 것이 우리 자신이 정말 누구인지 돌아보지 않으려는 자세라고 말했다. 동시에, 우리는 예수님의 보혈의 능력으로 용서받은 과거의 죄에 머물러 있지 말고, 우리 자신이 아니라 주님을 바라보며, 미래로 전진해 가야 한다. 우리를 지속적으로 괴롭히는 이중적인 삶은 무엇이든지 청산해야 한다. 우리의 죄악된 습관과 태도로 짓는 죄를 성령님이 다루시도록 허락해야 한다. 하나님의 진리로 빛 가운데 거한다면 정말 죄, 사단 그리고 자아와 전적으로 영적 전쟁에 임하는 것이다. 서로 죄를 인정하고 고백할 때 가정과 교회는 회복되며 치유될 것이다.

영적 훈련과 상한 심령

앤드류 머리는 "상한 심령이란 하나님의 다루심에 겸손하게 반응하는 것"이라고 말했다. 우리는 항상 주님과 다른 사람들로부터 기꺼이 고침과 가르침을 받아야 한다. 삶의 모든 영역에서 자기 절제를 실제로 배우고 따라야만 한다. 이것은 멀고도 어려운 여정이다. 바울조차도 "내가 내 몸을 쳐 복종하게 함은 내가 남에게 전파한 후에 자신이 도리어 버림을 당할까 두려워함이로다."라고 말했는데, 하물며 우리는 이러한 종류의 훈련을 배우기 위해 얼마나 많은 노력을 해야 하는가!

오늘날 교회와 크리스천 단체들은 하나님께서 주신 중요한 책임감을 갖고 리더십을 발휘할 수 있는 훈련된 사람들을 절실히 필요로 한다. 성령님은 각 사람마다 다른 방법으로 이러한 훈련을 경험하게 하시고 또한 매일의 삶 가운데 다르게 역사하신다.

진정으로 훈련을 효과적으로 하려면 항상 하나님의 주권을 인식해야 한다. 우리는 약하고 실수하며 죄를 범하기 쉽지만, 모든 상황은 궁극적으로 하나님이 주관하신다. 우리는 이 사실을 항상 기억하며 믿음의 방패를 높이 들고 영적 전쟁에서 계속 전진해 나가야 한다.

세계복음화

우리는 사복음서에 있는 예수 그리스도의 분명한 가르침과 승천하시기 직전 주님께서 하신 말씀^{사도행전 1장 8절}에 순종하며 변명이나 타협을 하지 말고 세계복음화에 힘써야 한다. 세계복음화는 전 세계 성도들이 함께 협력하여 수행해야 할 과업인데, 특히 복음을 듣지 못한 미전도 종족들을 향해 나아가야 한다. 우리는 성경적 교리와 신약성경의 가르침에 따라 서로 연합해야 하며, 논쟁으로 인해 곁길로 빠지지 말고 앞으로 계속 나아가야 한다.

세계 여러 나라 가운데 어떤 곳은 우리가 오랜 기간 머물며 사역을 심도 있게 해야 한다. 반면 어떤 지역은 선교를 위해 동원하고 지원하는 사역을 할 수 있다. 이를 통해 성도들 개인의 마음에 선교의 열정을 불어넣을 수 있고, 교회적으로는 세계복음화의 위대한 과업을 함께 완수해 나갈 수 있다. 갈라디아서 6장 9절 말씀에 있는 위대한 약속의 말씀을 결코 잊지 마라. "우리가 선을 행하되 낙심하지 말지니 포기하지 아니하면 때가 이르매 거두리라."

만약 이것이 당신이 동의하는 기본 원리이고 당신의 삶에서 기본 목표라면, 우리는 기도로 함께 연합해야 하며 또한 세계복음화의 과업을 완수하기 위해 가능한 많은 일에 실제적으로 협력해야 한다.

NOTE

이 글은 거의 40년 전에 쓴 것이다. 이 7가지의 강조점과 핵심 가치가 항상 동일하게 표현되지는 않지만 여전히 오엠의 중요한 부분이라고 말할 수 있어서 기쁘다. 오늘날 내가 더 추가하고 싶은 중요한 핵심 가치가 있다면 모든 다른 형태의 복음 전도와 더불어 '사회적 관심과 행동'social concern and action이다.

7가지 확신

내가 오엠 국제의 총재직을 피터 메이든에게 넘겨주면서 나누고 싶은 몇 가지 확신이 있었다. 그 확신은 7가지인데 다음과 같다.

하나님의 신실하심

하나님은 정말 신실하신 분이다. 나는 회심한 이후로 매일같이 이것을 경험했다. 하나님께서는 우리에게 쉬운 길을 약속하지는 않으셨지만, 우리는 그분을 100퍼센트 믿고 신뢰할 수 있다.

감사

나는 하나님이 이루신 모든 일 가운데 중요한 역할을 해온 오엠 사역자들과 이전의 오엠 사역자들exOMers, 그리고 기도 동역자들과 후원자들에게 모두 감사드린다. 또한 지역교회와 다른 선교단체들로부터 받은 많은 사랑과 그들이 보여 준 헌신과 인내심에 깊이 감사드린다. "범사에 감사하라 이것이 그리스도 예수 안에서 너희를 향하신 하나님의 뜻이니라."살전 5장 18절의 말씀을 항상 기억하자.

용서

하나님께서 나에게 베풀어 주신 놀라운 용서에 감사한다. 그리고 어떤 경우든지 나를 용서해 주고 나의 허물을 덮어 주는 사랑을 허락해 주신 모든 분들에게 정말 감사하다. 하나님의 역사로 '사랑의 혁명'revolution of love과 용서가 오엠의 운동과 DNA 속에 더욱 깊이 뿌리내리길 기도한다.

변화

우리가 계속 성장하고 또한 계속 변화할 수 있도록 지혜와 은혜를 허락하시는 하나님께 정말 감사드린다. 우리가 성장하고 변화하는 과정에서 많은 실수도 있었지만, 하나님께서는 우리에게 긍휼을 베풀어 주셨다. 오늘날 오엠은 60년대 오엠의 초기 모습과는 전혀 다르지만, 하나님께서 주신 비전, 특히 변함없는 하나님의 말씀과 예수 그리스도의 가르침을 우리는 여전히 강하게 붙잡고 있다.

순결

앞으로 수년 내에 가장 큰 도전이 되는 것 중의 하나가 바로 진실성integrity과 도덕적 순결moral purity이다. 이러한 순결을 유지하기 위해 우리는 진지한 노력을 기울여야 한다. 우리 자신이 겸손하게 서로에게 기꺼이 책무를 다하는 것이 이러한 영적 전투에서 승리할 수 있는 열쇠가 될 것이다.

연합

만약 당신이 오래 전에 오엠에서 했던 오리엔테이션 테이프를 듣게 된다면, 우리가 초창기부터 얼마나 사랑과 연합을 강조했는지 알게 될 것이다. 우리 가운데 허물과 실패도 있었지만 지난 45년 이상 이러한 연합을 잘 유지해 온 것은 하나님의 크신 은혜요, 가장 큰 격려가 된다. 로이 헷숀이 쓴 『갈보리 언덕(*The Calvary Road*)』[2012, CLC]과 다른 비슷한 책들이 우리에게 지대한 영향을 끼쳤다. 우리의 연합은 앞으로 새로운[그리고 옛날] 방식으로 시험대에 오를 것이다. 그리스도 예수 안에서 그리고 그분의 은혜 가운데 우리가 굳건히 설 수 있기를 기도한다.

믿음

우리는 지금 매우 어렵고 힘든 시기에 살고 있다. 내가 이 글을 쓰고 있는 이 순간에도, 이라크에서는 치열한 전쟁이 일어나고 있고, 두려움과 증오심은 더욱 불타오르고 있다. 우리가 하고 있는 모든 사역은, 어떤 종류이든 더욱 어려워질 것이다. 또한 우리 가운데 오해의 소지도 더욱 커질 수 있다.

우리의 믿음은 시험대에 오를 것이다. 그렇지만 "모든 것 위에 믿음의 방패를 가지고 이로써 능히 악한 자의 모든 불화살을 소멸하고"의 에베소서 6장 16절 말씀을 기억하자.

하나님께서 우리에게 주신 믿음과 특별한 방법을 통해 필요한 재정이 공급되는 것을 믿음으로 바라보자. 부정적인 요소도 있지만 긍정적인 요소가 10대 1로 우세하다고 믿는다.

나는 오엠이 겪고 있는 전환기로 인해 감사하며, 피터 메이든Peter Maiden, 조셉 드수사Joseph D'souza, 프란수아 보스루Francois Vosloo 그리고 오엠의 모든 지역과 필드 리더들Area and Field Leaders이 함께 협력하며 나아갈 것을 기대한다. 나는 그들을 100퍼센트 지지할 것이며 함께할 것이다. 나의 아내 드레나와 나는 우리에게 새롭게 주어진 역할을 믿음과 기쁨으로 바라보며, 여러분 모두의 기도에 깊이 감사하는 바이다.

Drops
from
a
leaking
tap

세계 7대 재앙

나는 종종 선한 사마리아인에 대한 이야기를 나누고 가르
쳐 왔다. 누가복음 10장 25절 말씀부터 살펴보자. 예수님은
진리를 가르쳐 주시기 위해 종종 이야기를 들려주셨다. 오
늘날 우리는 문제에 대한 해답을 알지 못하더라도 대답하
려고 한다. 살아 계신 하나님의 아들이신 예수님은 종종 질
문을 던지시며 대답하셨다. 30절에서, 예수님께서는 예화
를 통해 말씀하셨다. 어느 ^{유대인} 남자가 예루살렘에서 여리
고로 내려가다가 강도를 만나 강도들이 그 옷을 벗기고 때
려, 거의 죽은 것을 길옆에 버리고 갔다. 사실 나이지리아에
서 온 나의 친구 한 사람도 이와 비슷한 경험을 했는데, 오

늘날에도 얼마든지 이런 일이 일어날 수 있다.

우연히 한 유대인 제사장이 그 길로 내려가다 그를 보고서는 길 건너편으로 피해 지나갔다. 정말 믿기 어려운 일이다. 그렇지 않은가? 상처입고 거의 죽어 가는 사람을 보고서도 어떻게 그 건너편으로 그냥 지나갈 수 있단 말인가? 또 한 레위인도 그곳에 이르러 그를 보고 피해 지나갔다. 정말 슬프고 한심한 상황이다. 그다음은 멸시받던 사마리아인이 여행하는 중에 거기에 이르러 그를 보고 불쌍히 여겼다. 그 사마리아인은 가까이 다가가서 무릎을 꿇고서 그를 도와주었다. 그 당시 유대인들은 사마리아인들을 원수로 여기고 인간쓰레기로 취급했다. 유대인들이 길거리에서 만나면 상종도 하지 않았던 사람들이다. 마치 인도의 불가촉천민인 달리트Dalit와 같은 사람들이었다.

그런데 멸시를 받던 사마리아인은 그 사람에게 가까이 가서 기름과 포도주를 그 상처에 붓고 싸매 자기 짐승에 태워 주막으로 데리고 가 돌보아 주었다. 그 이튿날 그 사마리아인은 주막 주인에게 데나리온 둘을 주면서 이 사람을 돌보아 달라고 부탁한다. 심지어는 만약 비용이 더 들면 내가 돌아올 때에 갚겠노라고 말한다. 얼마나 강력하고 혁명적인 이야기인가!

사마리아인의 이야기는 어린이들이 무척 좋아한다. 그러나 어른이 되어 그 이야기를 읽으면 우리는 얼버무리며 그냥 넘어간다. 예수님께서 그 이야기를 한 후에 던지신 질문을 이해해야 한다. 36절에서 예수님께서는 "네 생각에는 이 세 사람 중에 누가 강도 만난 자의 이웃이 되겠느냐?"고 질문하셨다. 그 사람이 "자비를 베푼 사람입니다."라고 대답하자 예수님은 "너도 이와 같이 하라."고 말씀하셨다. 예수님께서 바로 그렇게 말씀하셨다. 이제 가서 이와 같이 하라는 그 말씀에 "Yes"라고 말하는 것은 큰 도전이 된다. 우리는 순종하는 마음으로 생각하고 행동으로 옮겨야 한다.

나는 크리스천으로 살면서 많은 실수를 했지만 하나님께서 나에게 긍휼을 베풀어 주셨다. 우리는 하나님의 말씀에 있는 모든 교훈을 1년이나 혹은 10년 만에 모두 배울 수는 없다. 내가 처음 사역을 시작했을 때 나는 사람들의 육체적 필요에 대해서는 관심이 부족했다. 나는 사람들이 아프고 나의 마음에 염려가 되면 그들을 위해 기도했다. 그러나 선한 사마리아인으로서의 부르심은 월드 비전^{World Vision}이나 티어 펀드^{Tear Fund}, 의료 선교사들, 구세군^{Salvation Army}과 같은 선교 단체나 테레사 수녀와 같은 사람들만의 일이라고 생각하는 실수를 범했다. 나는 문서 전도, 복음 전도와 영혼 구원, 훈련 사역, 교회 개척과 리더십 훈련에 집중했다. 우리는 하고자 하는 사역조차도 감당하기 어려웠고, 사람들의 육체적 필요를 채우는 일에는 매우 적은 노력을 했다. 그것이 우리의 큰 실수였다. 제3세계 사람들과 토니 캄폴로 ^{Tony Campolo}, 사무엘 에스코바^{Samuel Escobar}, 또 여러 다른 나라 사람들이 하나님의 말씀을 더욱 깊이 연구하고 선한 사마리아인과 같은 이야기를 재조명해서 도전해 준 것이 나를 완전히 바꾸어 놓았다.

오늘날 많은 사람들이 길가에 쓰러져 누워 있다. 우리는 그들에게 전도지나 성경을 주면서, "다음에 봐요."라고 하며 그냥 지나갈 수 없다. 사람들의 육체적 필요에 관해 예수님께서 도전하신 메시지에 어떻게든 반응해야 한다. 만약 당신이 이미 많은 헌신을 했다면, 이 메시지를 당신의 상황에 맞추어야 할 것이다. 나는 당신에게 단지 행동이나 행위적인 측면에서 더 많은 것을 요구하는 것이 아니라, 당신의 마음과 영적 DNA 가운데 이 메시지를 소유하기 원하는 것이다. 그리고 헌신하지 않은 사람들에게 그 메시지를 나누길 바라며, 그들이 불신자들일지라도 상관없다.

이러한 면에서 하나님 나라의 메시지는 불신자들에게도 호소력이 있다. 많은 불신자들이 내가 말하고자 하는 어떤 일들에 선두 주자들이다. 비록 우리가 그것을 완전히 이해할 수 없을지라도, 적어도 그들을 동정하고 분별력 있게 행동하면 크리스천들은 종종 이런 영역에서 분별력이 부족하다 예수님에 관한 이야기를 나눌 때 마음이 열린 사람들을 더 많이 찾을 수 있다. 영국은 역사상 가장 인도주의적 국가들 중 하나이다. 인도주의는 영국 문화의 DNA의 일부가 되었다. 비록 그 나라가 크리스천 신앙의 기본 가르침에서 벗어나 있을지라도, 기부 문화는 여전히 깊게 자리 잡고 있다. 모든 자선 단체가 기금을 마련하고자 노력한다. 만약 당신과 내가 포스트모던 영국에 영향을 끼치려면, 불신자들을 부정적으로 받아들이지 말고, 그들이 하는 선행을 지지하는 것을 배워야 한다. 오늘날 크리스천들에 대한 편견은 여러 이유로 이

전에 비해 훨씬 심하다. 이 사람 혹은 저 사람, 특히 정부 관료들을 비난하기보다는 오늘날 우리가 살아가는 새로운 문화를 이해하기 위한 성령님의 분별력이 필요하다.

우리 주위에 셀 수 없는 글로벌 재앙들이 존재하지만, 여기서 7가지만 소개하고자 한다. 내가 여기서 논하는 것은 개인이 아닌 집단적인 사람들에 관한 것이다.

위기에 처한 아이들

길거리에 누워 있는 첫 번째 사람은 아이, 즉 수백만의 아이들이다. 지구 상 인구의 6분의 1인, 10억의 아이들이 위기에 처해 있고, 그들이 수없이 죽어 가고 있다. 전 세계적으로 많은 단체가 "위기에 처한 아이들"을 돕고 있다. 그러나 비바 네트워크Viva Network와 패트릭 맥도날드Patrick McDonald의 연구에 의하면 아직 할 일이 엄청나게 산적해 있다. 공장의 노예로 팔려 가는 아이들이 있고, 11-12살 나이에 성노예로 팔려 가는 아이들도 있다. 브라질과 같은 곳에는 길거리에 아이들이 방치되어 있고, 경찰이 그들에게 총을 쏘아 죽이기도 한다. 아프리카와 여러 나라에는 에이즈 병에 걸린 수백만 명의 어린 고아들이 있다.

이러한 아이들에 대한 새로운 책들이 출판되고 있으며, 길거리에 사는 아이들, 자신의 부모님들로부터 학대받은 아이들에 대한 책들도 있다. 만약 이것을 우리 삶의 이슈라고 생각하지 않는다면 당신은 지금 현실과 동떨어진 세계에 살고 있는 것이다. 빨리 현실을 직시해야 한다. 만약 그런 일이 예수 그리스도를 믿고 따르는 사람들에게는 일어나지 않을 것이라고 생각한다면, 이는 당신이 사람들을 개인적으로 돕는 사역을 별로 하고 있지 않다는 것을 보여 주는 것이다. "위기에 처한 아이들"에 대해 이제 교회가 침묵하지 않고 알려야 하고, 그들에게 다가가야 하며, 누가복음 10장의 선한 사마리아인처럼 행동으로 옮겨야 한다.

학대받는 여인들

길거리에 누워 있는 두 번째 사람은 여인이다. 바로 학대받는 여인으로 그들은 위험에 처해 있다. 데비 메로프Debbie Meroff가 저술하고 오센틱 미디어Authentic Media가 출판한 *True Grit*참된 투지라는 책은 이러한 상황을 가장 잘 말해 준다. 이 책은 학대받은 여인들이 어떻게 핍박을 받는지 보여 준다. 우리는 지금까지 이 책을 여러 번 반복하여 출판해 왔다. 유럽에서도 성인신매매가 이루어지고 있다는 사실이 도저히 믿기지 않는다. 미국의 부시 대통령을 비롯해 다른 세계 지도자들이 이러한 문제를 공개적으로 밝히고 있다. 우리는 여성들과 그들이 받는 고난을 더욱 성경적이고 혁명적 관점으로 보아야 한다. 아프가니스탄의 탈레반 지배 아래 있던 그곳 여인들은 어떤 학대를 받았는가? 매우 극소수 크리스천들이 그것에 대해 밝히고 있다. 여성 해방주의 운동 Feminist Movement에 대한 다양한 긍정적, 부정적 의견이 존재하지만, 이 운동은 아프가니스탄 여인들이 당하는 핍박에 대해 처음으로 밝혔다. 그리고 하나님의 긍휼하심으로 탈레반은 제거되었다. 여성 할례female circumcision는 어떤가? 그것에 관한 책을 읽어 본 적이 있는가? 아니면 그러한 불편한 주제에 대해서는 아예 읽고 싶지 않은가?

친구여, 만약 당신이 불편한 주제에 대해 읽고 싶지 않다면, 당신에게 성경을 읽지 말라고 말하고 싶다. 내가 읽은 가장 불편한 이야기 중의 하나인 강간에 대한 내용도 성경에 그대로 기록되어 있다. 하나님 말씀의 진실성이 보여 주는 것은 하나님의 마음에 합한, 다윗과 같은 대단한 리더라도 그가 범한 죄는 그냥 넘길 수 없다는 점이다.

당신과 나는 여성 할례와 같은 문제에 관해 터놓고 말해야만 한다. 덴마크 정부가 이것을 처음으로 법제화한 것으로 알고 있다. 나는 무거운 주제를 다룬 내용이라도 불편함 없이 잘 읽을 수 있지만 여성 할례에 대한 책을 읽으려고 시도할 때면 너무 소름이 끼쳐서 도저히 다 읽을 수가 없다. 여성 학대가 여전히 일어나고 있고 계속 늘어난다는 사실이 너무나 충격적이다. 수없이 많은 여인들이 이와 같이 도저히 믿기지 않는 시련을 당하며 살고 있다.

극빈층

길가에 누워 있는 세 번째 사람은 소위 말하는 극빈자이다. 많은 가난한 사람들이 있음에도, 크리스천들이 축복에 대해 신약성경을 잘못 인용하기도 하고 관심을 기울이지 않는다는 것은 슬픈 일이다. 우리가 성경을 공부하고 윌리엄 부스William Booth를 비롯한 하나님의 사람들을 통해 교회 역사를 되돌아보면 하나님은 가난한 사람들을 향해 특별한 사랑을 보이신다는 것을 알 수 있다. 만약 여러분 중에 가난한 배경에서 출생한 사람이 있다면, 그것을 결코 부끄럽게 여지지 말아야 한다. 비록 우리가 그 사실을 인정하고 싶지 않더라도 계급과 인종차별주의 그리고 계층주의가 존재하는 이 사회에서 절대로 열등의식을 느껴서는 안 된다. 이 세상에서 가장 훌륭한 사람들 중에는 극빈층 출신들도 있으며, 그들은 여전히 가난하게 살고 있다.

인도의 불가촉천민으로 알려진 달리트족은 어떤가? 그들의 인구는 영국 인구의 세 배가 넘는 2억5천 명이나 된다. 지난 수년 동안 달리트족 가운데 놀라운 변화가 일어나기 시작했는데, 그들 가운데 수천 명이 힌두교를 떠났다는 사실이다. 많은 사람들이 불교도가 되었고 또 다른 사람들은 교회의 문을 두드리고 있다. 오엠만 하더라도 지난 몇 년 동안 주로 달리트족들 가운데 2천 개가 넘는 교회들을 개척했고, 많은 사람들이 성령의 실재와 역사를 경험하고 있다. 인도에서 달리트족에 대한 책을 저술하기도 한 조셉 드수사의 리더십 아래 우리는 인권을 박탈당한 극빈층을 위해 사역하기로 결정했다. 우리는 인권을 보호하는 일에 동참하기로 했지만, 모든 영역에 관여하는 것은 아니었다. 인권 분야는 너무 광범위해서 쉽게 그 범위를 넘어설 수 있기 때문이다. 인도오엠의 리더인 조셉 드수사는 인도 기독교 총회All India Christian Council를 설립했으며 그곳에서 총회장으로 섬기고 있다. 이 총회는 오엠과 분리되어 있고, 주로 인도 기독교인들의 핍박을 대변하는 여러 복음주의 선교 단체들과 교회들이 연합하여 활동한다. 특별히 1999년, 그래함 스테인즈Graham Staines가 인도의 광적인 힌두 폭도들에 의해 자신의 차 안에서 어린 두 아들과 함께 산 채로 불태워진 사건이 있었고, 달리트족에 대한 차별 때문에 이러한 운동이 시작되었다.

인권에 대해 관심을 갖는 것과 인권을 보장하는 것은 하나님 나라를 이루는 것의 일부이다. 사실, 인권에 관여하지 않는 크리스천들도 대부분 그것을 여전히 믿는다. 왜냐하면 그들은 자신의 인권이 이웃사람들에 의해 조금이라도 침해당할 때 분노하기 때문이다. 그럴 때 인권에 관심 없는 일반인들도 기분이 상하는 것을 보면 나는 매우 놀란다.

대개 그것은 사소한 것이지만, 인권과 관련된다는 점을 우리는 종종 인식하지 못한다. 우리는 사회 정의와 인권을 믿는다. 내가 이것을 완전히 이해하는 데는 많은 시간이 걸렸다. 우리는 세계복음화뿐만 아니라, 어느 곳이든지 하나님 나라를 세우도록 부르심을 받았다. 그것은 엄청난 일인데 당신이 있는 곳에서 하나님의 인도하심을 받아야 한다. 만약 당신의 마음속에 그러한 온전한 비전을 갖게 된다면, 그것이 아무리 작더라도 당신은 그 특별한 비전을 이루기 위해 반응을 더 잘할 수 있을 것이다. 전 세계적으로 가난한 사람들을 위한 사역이 우선순위가 되어야 하고, 이를 위해 우리가 할 수 있는 일들은 많다. 역사적으로 과거 어느 때보다도 오늘날 교회가 이 도전에 반응하고 있다. 영국의 자선 단체인 티어 펀드와 월드 비전을 설립한 밥 피어Bob Pearce의 이야기 그리고 사마리탄 퍼스Samaritan's Purse와 덜 알려진 다른 수백 개 단체의 사역들이 그것을 잘 보여 주고 있다.

HIV/에이즈 환자들

길가에 누워 있는 네 번째 사람은 HIV/에이즈 환자들이다. 4천만 명이 질병에 감염되었고, 2천만 명이 목숨을 잃었다. 어린이들 수백만 명이 고아가 되었고, 어떤 나라에서는 수많은 사람들이 너무 어린 나이에 목숨을 잃어서 사회 전체적으로 문제가 되고 있다.

이러한 사람들을 향해 그냥 길옆에 서 있거나 정죄하기보다는 사랑과 행동으로 반응해야 한다. 많은 사람들이 HIV/에이즈 질병에 걸렸지만 그 사실을 모르고 있다. 이런 기회를 잘 활용해서 그들에게 복음을 전해 보자. 그들에게 죽음이 매우 임박했기 때문에, 에이즈 환자들은 복음을 받아들이는 데 마음이 매우 열려 있다. 패트릭 딕슨Patrick Dixon이 쓴 *Aids and You*에이즈와 당신라는 책을 읽어 보기 바란다. 그 책은 전 세계적으로 무료로 보급되고 있다. 전 세계적으로 퍼지고 있는 이 유행병에 관심 있는 아프리카 지도자들과 다른 사람들을 위해 패트릭과 함께 나는 우간다로 간 적이 있다. 우리가 해야 할 그 과업을 생각하면 압도당하기도 한다. 그 과업을 위해 교회가 움직이고 있지만 이 치열한 일을 위한 재정이 부족하다. 서양 세계에서 당신은 값비싼 의료 기술을 통해 5년이나 10년 생명을 더 연장할 수 있다. 그렇지만 인도나 아프리카에서는 이러한 의료시설이나 의약품들을 구할 수가 없다. 소수의 사람들의 경우 하나님이 개입하셔서 그들의 질병을 고쳐 주신다는 것을 알고 있다. 비록 기도가 필요한 부분일지라도, 이 엄청난 문제를 해결하는 데 단지 기도하는 것으로만 제한할 필요는 없다고 믿는다. 때때로 하나님께서는 놀라운 일들을 행하신다. 그러나 우리는 에이즈 질병을 예방하기 위해 전 교회를 동원해야 한다. 아프리카에서는 거의 모든 교회에 에이즈 질병을 가진 성도들이 있다. 사람들은 에이즈 세균 때문에 죽지 않는다. 에이즈 세균은 몸을 쇠약하게 만들어 다른 약 50가지 질병 중 한 가지에 걸리게 하고 목숨을 잃게 한다. 그래서 많은 사람이 어린 나이에 생명을 잃는다.

깨끗한 물이 없는 사람들

길가에 누워 있는 다섯 번째 사람은 목마른 사람이다. 마실 수 있는 물이 점점 부족해지고 있다. 세계 인구 가운데 30퍼센트는 깨끗한 물을 마실 수 없다. 많은 사람이 깨끗한 물을 구하기 위해 먼 거리를 걸어가야 하는데, 물을 길러 가는 사람들이 대개 어린아이들이다. 그런데 그 어린아이들은 등이 부서지도록 힘든 노동을 할 만한 신체 조건을 갖고 있지 못하다. 어떤 나라의 대도시는 물이 부족하여 많은 비용으로 물을 가져와야 한다. 세계 다른 곳에서는 열악한 상수도 시설이 질병의 온상이 되기도 한다. 더 많은 사람들이 깨끗한 물을 사용할 수 있도록 우리 모두가 노력해야 한다. 소중한 물을 낭비하지 않고 잘 보존해야 한다.

내가 염려하는 것은 극심한 가뭄 지역에서 가난에 찌들려 사는 사람들과 여러 문제들로 깨끗한 물을 구하기 어려운 사람들이다. 그들은 더러운 강물을 마시기도 하는데 해마다 많은 사람들이 죽는다. 당신과 나는 그 문제를 해결하기 위해 무엇인가를 할 수 있다. 깨끗한 물을 제공하는 일을 위해 여러 크리스천 단체들이 세워지고 있다. 또한 비기독 단체들도 생겨나고 있다. 이 사람들을 위해 기도하겠는가? 우물을 파고, 간단한 정수 시설을 만드는 데 필요한 재정을 위해 기도해 주기 바란다. 우리가 할 수 있는 거룩한 상상을 조금이라도 실천한다면 믿기 어려운 일들이 일어날 수 있다. 하나님이 선택하신 백성을 위해 기도하는 것이 항상 나의 기도제목 중 하나였다. 당신에게 열정이 잘 생기지 않더라도 여전히 희망이 있다는 것을 말하고 싶다. 비록 나와 같이 나이가 많더라도 당신의 가슴속에 뜨거운 열정이 일어날 수 있는 희망이 있다. 목마른 사람들, 아픈 사람들에게 깨끗한 물을 제공하며 그들을 섬기자.

환경

길가에 누워 있는 여섯 번째 사람은 정말 놀랍게도, 바로 우리가 사는 지구와 환경이다. 내가 영국에서 기차를 타고 가면서 책을 읽고 있었는데, 내 뒤에 앉아 있던 사람이 다가와서 물었다, "당신이 조지 버워이신가요?" 대화를 나누면서 그 사람은 영국 선덜랜드에 사는 크리스천임을 알게 되었다. 70년대에 내가 영국 더블린에 있을 때 나의 설교를 들은 적이 있었는데 그 메시지가 그의 마음속 깊이 자리했다고 말했다. 그는 자신이 하고 있는 환경과 관련된 일을 소개해 주었고, 나는 그 주제에 대해 설교할 수 있다고 말했다. 나는 파괴되고 있는 열대우림과 대기오염에 관심을 가져야 한다고 환경에 대한 설교를 하곤 한다. 영국에서는 천식으로 고통받는 사람들이 너무 많아 통제 불능이 되었는데 이것은 환경과 연관되어 있다. 하나님께서는 환경과 관련된 이 모든 것에 관심이 있으시므로, 우리는 우리가 할 수 있는 일을 해야 한다.

너무나 많은 복음주의적 크리스천들이 환경에 대한 관심이 부족할 뿐만 아니라, 때때로 반환경주의자로 알려져 있는 것은 부끄러운 일이다. 창조주 하나님께서 그분의 피조물을 잘 돌보라고 말씀하셨는데, 우리가 어떻게 그것을 파괴할 수 있단 말인가? 지구 오염은 절대로 용납될 수 없다. 이것은 우리 젊은이들이 관심을 갖는 이슈이기도 한데, 만약 우리가 환경보존과 같은 정당한 이슈에 대해 그들과 소통하지 못한다면 그들이 우리 얘기를 들어주기를 어떻게 기대할 수 있는가?

왜 많은 사람들이 쓰레기를 아무 데나 버리는가? 길가를 걸어가면서 쌓여 있는 쓰레기더미를 본 적이 있는가? 아내와 내가 산책할 때 우리는 가끔 큰 비닐봉지를 들고 다니며 쓰레기를 주어 담곤 한다. 우리가 할 수 있는 작은 일이지만 하나님께서는 이 일을 인정해 주신다고 믿는다. 성경에 보면 냉수 한 그릇이라도 주는 자는 결코 상을 잃지 아니하리라고 예수님께서 말씀하셨다. 고정관념을 깨고서 어떤 사람을 다치게 할 수 있는 깨진 유리병을 줍는 일을 생각해 볼 수 있는가? 깨진 유리병 때문에 어린아이들이 다치거나 상처를 입을 수 있기에 그런 작은 행위로도 하나님으로부터 상을 받을 수 있다. 틀에 박힌 생각에서 벗어나기를 원하는가? 만약 당신이 나이가 좀 많다면 그것은 무엇을 의미하는지 아는가? 틀에 박힌 사고에서 벗어난다는 것은 주로 젊게 생각한다는 의미이다. 그것은 옛날 방식 그대로 생각하는 것이 아니라 기꺼이 다르게 생각하고 행동하는 것을 말한다.

형제, 자매 여러분, 환경에 대해 한번 생각해 보자. 이는 우리가 많은 젊은이들과 서로 대화할 수 있도록 해 주는데, 그들은 환경을 매우 중요하게 생각한다. 만약 그들이 예수님을 모르고 단지 동물이나 환경에만 관심을 둔다면 큰 실수를 범하는 셈이다. 그들이 행하는 선한 행위로는 결코 천국에 갈 수 없다. 그러나 가능한 동정심을 갖고서 그들의 말에 귀를 기울인다면 그들이 예수님 앞으로 나아오게 될 것이다. 그들을 다 이해할 수 없을지라도 당신이 누리는 편안한 환경에서 벗어나 그들에게 다가갈 만한 가치가 있는 일이다. 나는 영적 순례자이고 고민이 많은 사람이다. 실패하기도 하지만 그때마다 계속 십자가 앞에 무릎 꿇고 나아간다. 로이 헷숀이 쓴 『갈보리 언덕(*The Calvary Road*)』 2012, CLC과 같은 책을 반복해 읽으며 새롭게 성령 충만함을 경험한다.

미지근한 그리스도인

내가 세계 7대 재앙을 사람들과 나누기 시작한 지가 몇 년이 지났다. 누가복음 10장에 있는 선한 사마리아인의 이야기는 그 근거가 된다. 지난 53년 동안 내가 설교해 온 다른 메시지에 영적인 "미지근함"lukewarmness을 추가하기 시작했는데, 어떤 메시지에서는 여섯 번째 재앙으로 "태아" 그리고 일곱 번째 재앙으로 "환경"을 다루었다. 이 목록을 나의 명함 뒷면에 적어놓고 사람들에게 나누어 주었다. 이 목록은 나의 웹사이트www.georgeverwer.com에 올려놓았다. 한번 살펴보기를 바란다.

나는 항상 낙태가 옳지 않다고 믿어 왔다. 오엠과 사역했던 페인 부인Mrs. Payne은 30년 전에 낙태 반대 운동을 대변했다. 나는 80년대에, 미국 네브래스카주 오마하Omaha에 있는 지역 교회에서 열린 낙태 반대 운동 행진Pro-Life March에 참여했다. 나의 좋은 친구였던, 프란시스 쉐퍼Francis Schaeffer 박사가 그의 생애 말년에 이 운동을 위해 전력을 다해 힘써 주었다.

내가 오랫동안 미국 밖에서 살아 왔기 때문에 잘 모를 수 있지만, 미국인들은 그들의 사고 가운데 자유주의적 성향이 많다. 이것이 종종 미국의 극단적 낙태 운동American pro-life extremism으로 나타나기도 한다. 나는 한때 낙태에 대해 설교하지 못했던 큰 실수를 범하기도 했지만, 몇 년 동안 이에 관해 읽고 기도할 수 있도록 주님이 인도해 주신 것에 감사드린다. 우리의 사역은 이 중요한 이슈에 대해 더욱 총체적 운동으로 발전되고 더욱 적극적인 행동을 취하게 되었다. 낙태는 매우 끔찍한 일이다. 몇 주밖에 되지 않은 태아의 사진을 본 적이 있는가? 어느 누구도 그 어린아이의 생명을 거둘 수는 없다. 나는 여성들의 인권을 높이 평가한다. 또한 때때로 태아의 건강에 문제가 있을 수도 있다. 그렇지만 그들이 어린아이의 생명을 거둘 수 있는 권리는 없다. 이에 대해 하나님의 사람들은 대부분 동의하지만, 종종 우리는 이에 대해 침묵한다.

그 후 나는 *Why Pro-Life*(왜 낙태반대 운동인가)라는 책을 쓴 랜디 알콘(Randy Alcorn)과 협력해 그 책을 전 세계적으로 알리고 배포해 왔다. 이러한 주제에 대해 전혀 관심이 없는 여러 나라의 언어로도 이 책이 번역될 수 있도록 돕고 있다. 이 책을 읽기 원하는 사람이 있다면 연락해 주기 바란다. 언제든지 무료로 보내 줄 수 있다. 성경 구절들이 불신자들에게 항상 의미를 부여하는 것은 아니기 때문에 이 책은 매우 실제적인 내용을 다루고 있다. 나는 여러분 모두가 이러한 이슈에 더욱 헌신하고 능동적이 되길 도전하며 이 책을 추천한다.

하나님의 백성에게 있는 미지근함은 그리스도의 몸 안에 존재하는 가장 큰 위기라고 할 수 있다. 그들은 뜨겁지도 아니하고 차지도 아니하며 미지근하다. 그래서 길가에 누워 있는 일곱 번째 사람은 미지근한 크리스천이다. 교회 안에 존재하는 미지근함은 다른 어떤 것보다 더 큰 문제라고 믿는다.

모든 문제가 교회 바깥에 있다고 믿는 것은 위험하다. 실제로, 문제는 종종 교회 안에 있다. 영적인 미지근함은 하나의 재앙이다. 신앙적으로 미지근한 성도들이 많은 교회에서 말씀을 전한 적이 있다. 그들은 회개하기 위해 일어섰고, 주님께 용서를 구했으며, "다 성령이 충만하여 담대히 하나님의 말씀을 전하니라."는 사도행전 4장 31절 말씀처럼 기도하며 헌신했다.

기본적으로 미지근한 신앙생활을 하는 것과 미지근함과 씨름하는 것을 혼동하지 마라. 우리 모두는 미지근함과 씨름한다. 나는 잘못된 태도와 성급함 때문에 씨름하는 것과 마찬가지로 미지근함과 싸워야 한다. 영적인 미지근함에 굴복하거나 씨름하는 것을 포기하지 마라. 성경을 공부하는 것이 지루하더라도 절대로 멈추지 마라. 만약 매우 특이한 종류의 질병인 만성적 우울증에 걸린 사람이라면 예외가 될 수 있다. 전문적인 치료와 특별한 주의와 기도가 필요한 사람들이기 때문이다. 그렇지만 우리는 대부분 그러한 질병이 있는 사람들이 아니다. 만약 당신이 그러한 질병으로 고통받고 있다면 적절한 치료를 받아야 할 것이다. 많은 경건한 사람이 그러한 질병을 겪었으며, 이를 극복하는 일은 결코 쉬운 것이 아니다. 나의 아내도 일 년 동안 우울증을 앓았던 적이 있었는데 하나님의 은혜와 치유를 통해 벗어날 수 있었다. 여기서 나는 하나님의 말씀과 기도를 등한시하면서 비롯된 좌절감이나 쓴 뿌리와 같은 '영적 침체'를 말하고 있는 것이다.

나는 아내와 함께 살아오면서 수없이 많은 좌절감을 경험했다. 그렇지만 좌절감은 하나님의 나라를 위해 더 나은 일을 이루기 위한 하나님의 약속이 될 수 있다는 것을 알게되었다. 우리가 미지근하지 않도록 막아 주는 많은 경우들이 반드시 긍정적인 것만은 아니다. 사실 부정적인 일들이 우리를 더욱 깨어 있도록 한다. 그래서 영적 순례 가운데 처한 환경과 상황에서 우리가 어떻게 반응해야 하는지를 배울 수 있다. 영적으로 말하자면, 우리가 처한 곳의 영적 기후에 좌우되지 않고 우리의 영적 기온을 유지하는 것을 배우지 않고서는 절대로 하나님의 마라토너가 될 수 없다. 영적인 기후는 자주 바뀐다. 그렇지 않은가? 하나님의 백성으로서 우리는 주로 우리 자신이나 우리 가족만 생각하고, 주

위에 있는 외로운 사람들, 혼란해하는 사람들, 사별을 당한 유가족들에게 다가가지 않는다. 이것은 우리가 하는 큰 실수이며, 누가복음 10장의 예수님께서 선한 사마리아인의 비유를 통해 가르치는 진리를 위반하는 것이다.

우리가 하나님의 말씀을 받고 실천할 수 있기를 바란다. 그 말씀에 너무 압도당하지 않고 길가에 누워 있는 이 사람들 중의 누군가를 위해 당신이 지극히 작은 일이라도 할 수 있기를 바란다. 그 일은 하나님을 영화롭게 한다는 사실을 이해해야 한다. 여러분 중에 많은 사람들은 수년 동안 이런 일을 해 왔고, 세계선교를 위해 재정적으로 후원해 왔을 것이다. 하나님께서 그들에게 복 주시기를 원한다.

오엠의 새로운 선교선, 로고스 호프는 내가 지금까지 나눈 이 메시지 중에 HIV/AIDS 위기와 세계적 빈곤에 대처하기 위해 더욱 적극 동참할 것이다. 우리가 이러한 관심을 서로 나누고 기도를 통해 영향력을 증대할 수 있다는 것을 상상할 수 있겠는가? 누군가가 말하기를 "시체를 깨우는 것보다 광신자를 진정시키는 것이 더 쉽다."고 했다. 극빈층, HIV/AIDS 환자들을 위해 너무 열심을 내고 환경 문제에 대해 너무 열정을 내는 것을 걱정하지 말자. 우리가 열심을 내는 것이 가장 큰 문제라고 생각하지 않는다. 우리가 겪는 어려움, 약점, 상처를 모두 하나님 말씀 앞에 가져가 그 말씀대로 살면서 성령 충만함을 받자. 우리 삶의 모든 영역에서 미지근해지지 않고 열정을 갖고서, 우리가 살펴본 이러한 사람들에게 다가가며 사역하자.

새로운 세대의 젊은이들이 우리 곁에 있다. 그들이 교회에서 지루한 설교를 듣기보다는 비디오 게임을 더 즐긴다고 그들을 정죄하지 말고 그들의 비디오 게임을 이해하려고 노력해야 한다. 이러한 영상물은 오늘날 우리 문화에 선하고도 악한 영향을 강하게 끼친다. 요즘 세대의 어린이들은 대개 더 활동적이다. 그들은 듣기를 원할 뿐만 아니라 행동으로 옮기기를 원한다. 만약 그들이 구원받는다면, 그들은 세계복음화의 과업을 완수할 수 있는 세대가 될 것이다. 왜냐하면 그들은 소매를 걷어 올리고 직접 뛰어들기 원하기 때문이다. 내가 젊은이들을 만나면, 하나님께서는 이 포스트모던 세대 가운데 일하신다고 말한다. 당신이 주일학교에 다닐 때나 오래전에 불렀던 찬송가를 그들이 부르고 싶지 않다고 해서 기분 상해할 필요가 없다.

함께 기도하자. 하나님 아버지께서 이 말씀으로 내 마음에 부담을 주셨고 나는 그 메시지를 나누었다. 내가 회피하려고 해도 그럴 수 없었다.

주님, 당신께서 이 모든 일을 위해 기도할 사람들을 더 많이 일으키시고, 더 많은 사람들이 재정으로 후원케 하시며, 더 많은 사역자들을 보내실 것을 믿습니다. 마태복음과 누가복음에서 우리가 말씀을 통해 배운 것처럼 추수할 일꾼들을 보내 주시도록 추수하는 주인에게 청하며 예수님의 이름으로 기도합니다. 아멘.

나 같은 죄인 살리신

죄는 끊임없고 심각한 것이지만, 당신은 계속 패배감 속에서 살 필요가 없다. 오래 전, 어느 선교 대회에서 내가 간증했을 때, 어떤 여인이 나에게 악한 영이 있다고 말했다. 또한 번은, 1987년에 열린 대규모 어바나 선교 대회에서 내가 간증한 후, 우리 로고스 선교선이 좌초됐다. 어떤 사람이 나에게 전화를 걸어와 배가 좌초된 것은 하나님의 심판이라고 말했다. 사실, 우리는 그 배를 다른 배로 대체하려고 생각 중에 있었고, 배가 좌초되었을 때 아무도 다치지 않았다. 그래서 우리는 하나님의 간증이고 영적 축복이라고 생각했다.

어떤 사람들은 하나님에 대해 이상한 견해를 갖고 있다.

사람들은 대부분 크리스천 리더들이 그들의 죄를 인정하

거나 그들이 여전히 가끔 죄 짓는다고 말하는 것을 싫어한다. 리더 자신이 죄 짓기 쉬운 성향에 대해 말하는 것을 거의 듣지 못한다. 그러나 나는 나의 죄를 공개적으로 말해 왔다. 나는 외설 잡지나 중독과 같은 유혹에 더 이상 넘어가지 않는다. 나는 한때 그런 유혹에 노출된 적이 있었다. 인터넷을 통해서도 더 이상 그런 유혹에 넘어가지 않는다. 십대를 보낸 후에는 그런 유혹에 넘어간 적이 없다. 그런 유혹은 더 적어졌지만, 나이를 먹는다고 해서 완전히 사라지는 것은 아니다.

이웃에 살던 어느 여인이 나를 위해 2년 동안 기도해 왔다고 말했다. 마침내, 나는 16세 때 빌리 그래함 전도 대회에 참석해 강력한 회심을 경험했다. 그때 이후, 나는 외설 잡지를 없애야 한다는 것을 알았고, 내가 갖고 있던 그런 잡지들을 불태워 버렸다. 만약 그때 내가 회심하지 않았더라면, 아마 나는 끔찍한 외설 잡지에 중독되어 부도덕한 생활을 했을 것이다. 나중에 어른이 되었을 때에도, 가끔 끔찍한 유혹을 느꼈다.

지난 수년 동안 나는 한 번도 외설 잡지를 본 적이 없다고 솔직하게 말할 수 있다. 그런 유혹이 가끔 오면, 나를 시험하곤 한다. 한번은 내가 스코틀랜드 에든버러에서 열리는 선교전략 회의에 참석하기 위해 여행 중이었는데 화장실 안에 외설 잡지가 있었다. 내가 스칸디나비아로 가는 여객선을 탔을 때에도 같은 일이 있었다.

30여 년 전에 내가 런던 외곽에 있는 숲속에서 산책하고 있을 때 결정적 사건이 일어났다. 산책 중에 나뭇가지 사이로 어떤 것이 걸려 있는 것이 멀리서 보였다. 가까이 가 보니 외설 잡지였는데 총알 자국이 있었다. 어떤 사람이 그것을 나뭇가지 위에 올려놓고 사격 연습을 한 것이었다. 사단은 나를 타깃으로 삼았던 것이다. 그때 내가 찢어 버리고 승리했더라면 좋았을 텐데, 사실은 그 날 그 숲속에서 나는 시험을 당했다.

그 숲속에서 잠시 육적인 상상에 사로잡힌 후 나는 무릎을 꿇고서 십자가 앞에 나가 주님께 용서를 구했다. 그 사건 이후부터 나는 사단의 유혹을 대부분 이겨 낼 수 있었다. 나는 매 순간마다 사단의 유혹을 이길 수 있었다고 말하면 좋겠지만 그렇지 못하다. 그 숲속에서, 나 자신의 죄의 문제를 해결하는 새로운 방법을 발견했다. 내가 유혹을 받고 죄를 지을 때마다 바로 회개하고 주님께 용서를 구하는 것이다.

승리하는 삶

죄인에게 승리하는 삶이란 무엇인가? 죄가 전혀 없다는 말인가? 모든 사단의 유혹에서 항상 이긴다는 말인가? 얼마 동안 실패하지 않으면 된다는 말인가? 만약 그런 것으로 평가한다면 나는 승리하는 삶을 살지 못하고 있다. 그리고 아마 우리는 모두 승리하는 삶에서 계속 실패하게 될 것이다.

나 자신의 삶에서, 유리한 판단을 한다면, 나는 유혹을 95퍼센트 정도 성공적으로 물리친다고 생각한다. 그러나 우리가 직면하는 유혹의 빈도를 생각한다면, 그 비율은 여전히 많이 실패하는 것이다.

나는 크리스천으로서 지금까지 살아오면서 육적인 유혹뿐만 아니라 성급함과 분노함으로 인해 실패했다. 죄성을 지닌 우리에게 승리하는 삶이란, 죄가 전혀 없는 것이 아니라, 우리가 죄를 지을 때 어떻게 해야 하는지를 아는 것이다. 요한일서 2장 1절의 말씀은 "너희로 죄를 범하지 않게 하려 함이라."고 했다. 요한은 예수님을 따르는 자들이 죄를 짓지 않기 바랐다. "만일 누가 죄를 범하여도 아버지 앞에서 우리에게 대언자가 있으니 곧 의로우신 예수 그리스도시라."

나는 죄를 지으면 즉시 죄를 고백한다. 내가 죄를 고백할 때 사단의 힘은 약화된다. 사단은 속이는 자이고, 원수는 거짓말을 믿도록 만든다. 내가 옳지 않은 일을 전혀 하지 않았거나 혹은 내가 너무나 끔찍한 죄를 지어 주님을 섬길 수 있는 자격을 상실하거나 관계없이 내가 나의 죄를 정직하게 고백할 때 유혹을 이길 수 있는 힘을 얻게 되고 악한 자는 결코 나를 정죄할 수 없다는 것을 알게 됨으로써 용기를 얻는다. 그리스도는 하나님 아버지 앞에서 나의 대언자가 되시고, 그리스도께서 나를 용서하셨다고 말씀하시면 사단은 아무 말도 할 수 없다.

내가 구원받은 그 순간부터, 나를 향한 하나님의 사랑과 그분의 말씀을 한 번도 의심해 본 적이 없다. 비록 우리가 실패할지라도 하나님께서 우리를 사랑하시고 용납하신다는 것을 깨닫는 것이 매우 중요하다. 그것이 나의 삶을 지탱하는 힘이 된다. 비록 나의 죄 때문에 사람들이 나를 거절하고 혹은 나의 죄에 대해 말할지라도, 나는 항상 하나님의 사랑을 느낀다. 내가 그 죄를 겸손하게 인정하면 그분은 나를 항상 받아 주시고 더 성결한 삶으로 살도록 이끄신다.

하나님의 사랑 때문에 죄를 지을 수 있는 것은 아니다. 영적 훈련 없는 은혜는 수치로 이끈다. 하나님은 나의 수치를 용서해 주시지만 지나친 수치는 크리스천 리더로서의 신뢰를 얻을 수 없게 만든다. 사람들은 리더로서 나를 더 이상 신뢰하지 않을 것이다. 사도 바울은 "내가 내 몸을 쳐 복종하게 함은 내가 남에게 전파한 후에 자신이 도리어 버림을 당할까 두려워함이로다."고전 9:27라고 말했다. 만약 내가 나의 죄를 즉시 고백하지 않고 다루지 않았더라면 나의 죄는 더 커지고 결국 나는 버림받았을 것이다. 오직 그리스도의 능력을 통해 내 몸을 쳐 나 자신을 복종하게 할 수 있었다.

정욕의 영역에서 나는 아내와 서로 책임을 묻고 있으며, 그녀는 나를 지지해 주는 엄청난 힘의 원천이다. 그녀는 나를 위해 기도해 주고 나의 말을 잘 들어준다. 내가 고민하는 것을 가끔 아내에게 말하면 그녀는 나를 정죄하지 않는다. 한번은 아내에게 내가 나이가 많지만 외설 잡지를 순간적이라도 쳐다본다면 아마 신체적인 반응이 있을 것이라고 말했다. 그러자 그녀는 "글쎄요, 그렇다면 당신에게 뭔가가 아직 남아 있다는 증거네요."라고 말했다. 나는 아내에게 나의 문제를 정직하게 말할 수 있다. 그녀는 항상 나와 함께해 준다.

죄인을 위한 멘토링

나는 서로 책임을 다하는 관계를 추구하고자 하는 사람들을 지지해 왔다. 우리는 쉽게 죄를 지을 수 있기 때문에 죄를 혼자 정복할 수 없다. 허물은 받아 주고, 죄에 항복하지 않도록 보호해 줄 수 있는 다른 사람들이 필요하다.

나의 특별한 '멘토링' 사역은 나의 죄를 공개적으로 고백하면서부터 시작되었다. 1968년, 어바나 선교 대회에 주강사로 초청을 받았는데, 나의 메시지는 선교에 대한 것이 아니라, 나의 간증이었고 주님께 전폭적으로 헌신하는 삶을 살도록 도전하는 것이었다. 그 간증에는 정욕의 죄에 대해 정직하게 고백하는 내용도 포함돼 있었다. 대규모 집회에서 이런 나의 간증은 처음이었다. 내가 너무 직설적으로 표현했기 때문에 어떤 사람들은 기분이 좀 상했을 것이다. 그렇지만 나는 그 젊은이들에게 자신들의 성적인 부도덕에 대해 나와 같이 회개해야 한다고 선포했다. 그 회개 초청에 4,000여 명의 젊은이들이 응했고, 모두 그 자리에서 일어나 기도했으며, 많은 사람들이 눈물을 흘리며 회개했다.

그때 이후 나는 어바나 선교 대회에 주 강사로 세 번이나 초청을 받고 메시지를 전했다. 그때마다 젊은이들이 몰려왔는데, 그들의 고민을 들어주고 그들을 정죄하지 않으며 주님 앞으로 인도할 수 있는 사람이 필요하다는 생각이 들었다.

얼마 후 선교지에서 사역 중이던 한 젊은이에게서 편지를 받았다. 그는 자신의 죄에 대해 비통해하며 자신이 사역하고 있는 나라의 국경 근처에서 나를 만나 줄 수 있겠느냐고 물었다. 그는 자신의 죄를 차마 말로 표현할 수 없어서 그의 중독적인 죄를 한 페이지로 타이핑해서 보여 주었다. 이를 계기로 나는 그를 1년 동안 나의 수행원 삼아 함께 다니며 사역했다 나는 함께 다니며 배우기 원하는 젊은이들과 항상 동행한다. 이 기간을 통해 그는 자신의 문제를 다루고 해결할 수 있었다. 그 이후 그는 선교지로 돌아갔고, 지금은 훌륭한 아내와 아름 다운 가족을 이루며 주님을 섬기고 있다. 그는 자신의 경험 으로부터 조언해 줄 수 있는 사람이 필요했고, 거기에서 희 망을 찾고자 했다.

교회는 종종 거룩함에 대해 잘못된 생각을 심어 준다. 우 리는 모두 거룩함으로 성숙하기를 원한다. 하지만 그것은 시간이 걸리고, 영적인 성숙은 나이와 경험을 필요로 한다. 우리 인간의 죄를 정복하는 데 율법적인 원칙만으로 해결 할 수 없다. 은혜와 영적 훈련 사이에서 균형을 유지해야 하 는데, 이를 위해 다양한 책들을 읽어야 한다. 믿음의 영웅에 대한 책들은 그들의 실패에 대해서도 정직하게 평가받고 쓰여져야 한다. 가장 위대한 사람도 죄인이자 성인이다. 우 리에게는 거룩한 삶을 살았던 사람들의 실제적인 본보기가 필요하다. 우리가 한 걸음 뒤로 물러선 후, 두 걸음 앞으로 나아가면 그들을 닮아갈 수 있다.

그들의 약점뿐만 아니라 자신의 실패조차도 인정하는 리 더들은 절뚝거리며 걷는 자들이다. 그렇지만 실패하고 상처받은 많은 사람들이 리더들의 이런 점 때문에 희망과 용기를 얻고서 그들에게 다가가 도움을 요청할 수 있다고 생각한다.

장애인도 할 수 있는 하나님의 사역

나는 절뚝거리지만, 하나님은 여전히 그분의 사역을 위해 나를 사용하신다.이것은 나를 향한 하나님의 은혜의 신비한 부분이기도 하다.

크리스천으로서 아주 어렸을 때, 나는 미국 인디아나 폴리스에 있는 어느 스트립쇼 클럽 바깥에서 전도지를 나누어 주고 있었다. 그 쇼의 게시판에 내 눈길이 끌렸고, 잠시 후 나는 그 클럽의 세 번째 칸 자리에 앉아 쇼를 지켜보고 있었다. 곧 나는 감정적으로 당황하고 불안해지기 시작했다. 순간적으로 내가 와 있는 곳이 어디인지 깨달았다. 여자들이 옷을 하나씩 벗고서 추파를 던지는 곳에 전도지들을 주머니에 가득 넣고 앉아 있었던 것이다.

나는 즉시 그 클럽에서 급하게 뛰어나와 버스정류장 근처에 있던 공중전화 박스 안으로 들어갔다. 나는 수화기를 들고서, 하나님께 울부짖었다. "오 하나님, 저를 용서해 주세요. 용서해 주세요."

내가 용서받았다는 것을 감정적으로 느낄 수 없었지만, 우리 죄를 고백하면 용서해 주신다는 그분의 약속을 믿었다. 몇 분이 지난 후, "나는 용서받았다. 주님 감사합니다."라고 나 자신에게 말하며 그 공중전화 박스를 떠났다. 그러나 용서함 뒤에는 정죄감이 몰려왔다. 고발자 사단은 "너는 실패했고, 하나님은 너를 사용할 수 없어."라고 속삭였다. 내가 무슨 말을 하기 전에, 어떤 사람이 나에게 다가왔다. 그 사람이 시간을 묻거나 버스 시간을 물어볼 줄 알았다. 그러나 그는 자신의 문제를 나에게 털어놓기 시작했다. 시간이 조금 지나자, 그는 "내가 어떻게 하면 구원받을 수 있나요?"라고 물었다. 한 시간 후에 우리는 함께 무릎을 꿇고서 하나님께 기도드렸고, 그는 자신의 삶을 예수 그리스도께 드렸다.

내가 그런 놀라운 이야기를 만들어 내려고 해도 그렇게 할 수 없다. 사단은 내가 그 스트립쇼 클럽에 가서, 정욕과 외설 잡지에 더 깊이 빠져들고 타락하기를 원했던 것이다. 사단은 계속해서 공중전화 박스 안에서 내가 비통함에 빠져 평생 그렇게 살도록 꾀를 부린 것이다. 그러나 하나님의 은혜로 나는 회개하고 믿음으로 용서받았으며, 하나님 계획으로 돌아섰을 때, 하나님은 나를 사용하여 그 사람을 구원하셨다. 나에게 용서와 회복의 증거가 필요하다면 나는 그것을 갖고 있다.

나는 죄인이지만, 시간이 갈수록 더욱 영적으로 성장하고 강해져 간다. 내가 죄를 지을 때마다 십자가 앞에 나아가 무릎 꿇을 때 하나님은 나를 여전히 사랑하신다. 그리고 다른 사람들을 그리스도 앞으로 인도하도록 나를 사용하신다. 바로 이것이 하나님의 은혜가 아니고 무엇이겠는가?

중요한 기본 진리

기도

결국 기도를 통해 새로운 사역자들을 선교에 동원할 수 있다. 사도행전 13장 1-5절과 같이 마태복음 9장 35절 말씀은 이 점을 매우 분명하게 말해 준다. 현재 사역 중인 사람들을 위해 더 많이 기도하는 것이 필요하며, 훈련 과정에 있는 모든 사람들을 위해서도 기도하는 것이 중요하다. 모든 종류의 기도 모임이 더욱 절실히 필요하다.

태도

하나님은 우리의 태도, 즉 하나님과 다른 사람들에 대한 태도에 관심을 갖고 계신다. 둘째 계명은 우리 이웃을 우리 자신과 같이 사랑하는 것이다. 나는 특히 우리와 동의하지 않는 다른 크리스천 리더들에 대한 우리 태도에 관심이 있다. 때로는 어떤 사람의 이름만 언급하더라도 우리는 표정이나 말투에서 안 좋은 태도를 보이기도 한다.

회개

개인적인 부흥에 열쇠가 되는 것은, 틀림없이 기도, 십자가의 능력, 성령이 함께 역사하는 것이다. 우리는 로이 헷숀의 책, 『갈보리 언덕(*The Calvary Road*)』 2012, CLC를 전 세계적으로 보급하기 위해 노력한다. 왜냐하면 하나님께서는 지난 40년이 넘게 이 강력한 메시지를 사용하셔서 오엠선교회 안에서 수많은 사람들을 겸손, 참된 상한 심령, 사랑과 믿음의 삶으로 인도하셨기 때문이다.

제자

하나님은 우리 사역을 통해 제자 삼기를 원하신다. 즉, 그분은 크리스천 삶의 모든 영역에서 주님을 따르고 계속 성장해 가는 참된 회심자, 제자를 찾고 계신다. 우리는 어떤 결신을 통해 '구원'받았다고 말하는 사람들이 모두 참된 신자라는 생각에 속지 말아야 한다. 시간이 흐르면 알 수 있다. 주님의 참된 제자들이 하나님께 찬양한다. 각 교회, 소그룹 모임, 멘토링 프로그램 등을 통해 제자로 훈련받고 있는 사람들이 하나님께 찬양한다. 네비게이토 선교회를 비롯해 모범적으로 제자훈련을 하는 다른 단체들로 인해 하나님께 감사드린다.

영적 훈련

우리는 영적 훈련 없이 주님의 참된 제자가 될 수 없다. 치유와 성령에 관한 어떤 메시지들은 사람들에게 훈련은 영적인 것이 아니라는 생각을 심어 줄 수 있다. 자신을 부인하고 날마다 제 십자가를 지고 나를 따를 것이라고 하신 예수님의 말씀을 우리가 어떻게 받아들여야 하는가? 내 몸을 쳐 복종하게 한다는 사도 바울의 말씀은 어떤가? 예수님은 또한, "너희가 나를 사랑하면 나의 계명을 지키리라."요 14:15 고 말씀하셨다. 사람들이 비록 여름 단기 선교에 참석하더라도 우리는 새로운 사역자들을 영적으로 훈련시키고 삶으로 본을 보여 주어야 한다. 그렇게 하는 것에 실패한다면 우리는 치명적인 실수를 범하는 것이다.

용기

오늘날 우리는 테러로 불안해하고 있고, 하나님의 백성은 핍박 받고 있기 때문에 많은 용기가 필요하다. 지금 나 자신에게 가장 필요한 것도 용기라고 생각한다. 만약 당신이 리더십을 발휘해야 하는 위치에 있다면, 당신은 특별히 더 많은 용기가 필요하다. 물론 그 용기는 하나님과 그분의 말씀에 대한 믿음과 깊은 신뢰와 관련이 있다. 앞으로 나아가는 길은 쉽지 않을 것이고 우리가 전진해 나갈 때 악한 자의 불화살은 계속 날아올 것이다.

지혜

지혜보다 분별력이라는 말이 더 좋을 것 같다. A.W. 토저는 교회에서 가장 필요한 것이 바로 분별력이라고 했다. 어릴 때 내가 살던 곳에서 성경과 기독서적들을 판매한 적이 있다. 그때 어느 여인을 만났는데 그녀는 나에게 매일 잠언 말씀을 읽으라고 도전했다. 그녀는 "매일 잠언을 읽으면 사단을 물리칠 수 있다."고 말했다. 그때 이후부터 나는 거의 매일 잠언 말씀을 읽어 왔다. 매일 한 장씩 한 달 동안 읽으면 잠언을 다 읽을 수 있다. 그것은 나에게 큰 축복이 되고 유익이 되었다. 내가 쓴 책들에서 하나님의 말씀과 다른 사람들을 통해 유익이 되었던 지혜를 전해주고자 노력해 왔다.

Drops
from
a
leaking
tap

선교에 있어서 10가지 도전

예수님이 말씀하시기를, "너희 중의 누가 망대를 세우고자 할진대 자기의 가진 것이 준공하기까지에 족할는지 먼저 앉아 그 비용을 계산하지 아니하겠느냐 그렇게 아니하여 그 기초만 쌓고 능히 이루지 못하면 보는 자가 다 비웃어 이르되 이 사람이 공사를 시작하고 능히 이루지 못하였다 하리라 또 어떤 임금이 다른 임금과 싸우러 갈 때에 먼저 앉아 일만 명으로써 저 이만 명을 거느리고 오는 자를 대적할 수 있을까 헤아리지 아니하겠느냐 만일 못할 터이면 그가 아직 멀리 있을 때에 사신을 보내어 화친을 청할지니라 이와 같이 너희 중의 누구든지 자기의 모든 소유를 버리지 아니하면 능히 내 제자가 되지 못하리라 소금이 좋은 것이나 소금도 만일 그 맛을 잃으면 무엇으로 짜게 하리요 땅에도, 거름에도 쓸 데 없어 내버리느니라 들을 귀가 있는 자는 들을 지어다 하시니라."^{눅 14:28-35}고 했다.

상황 파악

이와 같은 선교 대회를 시작하면서 상황을 파악하는 것은 매우 적절하다. 우리가 영적 갈등 상황에 처해 있을 때 우리의 상황이 정말로 어떠한지 아는 것은 매우 중요하다. 성경은 우리에게 영적 전투에 대해 가르친다.

오늘날 영국 교회는 아주 심각하게 분열되어 있다. 영국의 거대한 복음주의자 리더 중 한 사람은 그가 쓴 글에서 "우리는 복음화하는 일에 준비되어 있지 않다."고 암시했다.

나는 그가 선언한 그 말에 두려운 마음으로 동의한다. 영국 교회 안에는 매우 큰 갈등과 분열이 있다. 그러나 나는 확신한다. 예수 그리스도의 복음을 선포하는 일은 모든 교회가 하나 되어 연합할 때까지 그리고 모든 비방을 멈추고 모든 사람이 서로 사랑할 때까지 기다릴 수는 없다. 그 이유는 우리에게 이미 명령이 주어졌고, 사도행전을 통해 연약함 가운데서도 복음이 증거되었던 사실들을 보여 주고 있기 때문이다. 비록 어떤 면에서 교회가 연약하다 할지라도 하나님은 위대하시다. 복음 전도, 국내 전도가 아니라 세계선교는 반드시 진척되어야 한다. 부흥과 거룩, 영적인 삶을 강조하며 우리는 앞으로 나아가야 한다. 그리고 동시에 모든 비방과 수군거림, 불신앙, 죄에 대해 전쟁을 선포해야 한다. 왜냐하면 이 모든 것이 진정한 그리스도인들을 분열시키기 때문이다.

갱신과 부흥 그리고 세계선교를 동시에 같이 하지 못할 아무런 이유가 우리에게는 없다. 나는 솔직하게 여러분과 함께 나누고 싶다. 그것은 세계선교가 나의 첫 번째 부담이 아니라는 것이다. 나의 진정한 부담은 하나님의 영광이다. 우리 오엠이 사람들을 이슬람권에 보내서 5년, 10년 심지어는 15년 동안 그곳에 머무르게 할 수 있는 단 한 가지 이유는 우리의 첫 번째 부담이 무슬렘을 전도하는 것이 아니고 이슬람에 교회를 세우는 것이 아니라, 하나님의 영광을 구하는 것이기 때문이다. 나는 많은 하나님의 사람들이 하나님의 온전하신 뜻을 놓치고 있다고 믿는다. 내가 믿고 또 확신하는 것은 이 모든 종족들 가운데 아무런 복음 증거도 없는 상태에 있는 것이 하나님의 뜻이 아니라는 것이다.

우리는 어떤 극단적인 칼빈주의를 받아들여, 오래 전에 윌리엄 캐리에게 말했던 그들처럼 "만일 하나님이 이교도들을 구원하기를 원하신다면, 너와 같은 사람 없이도 하나님 자신이 하실 수 있다."라고 변명하며 모든 책임을 하나님에게 전가하는 것을 받아들일 수 없다.

세계복음화는 하나님의 계획이다. 왜냐하면 이것은 하나님의 약속의 말씀 안에서 이들이 복음을 들을 것이고, 듣는 자들은 복음을 받아들일 것이라고 계시되었기 때문이다. 그러나 얼마만큼의 열매가 있을 것인지를 예측하는 일은 우리에게 불가능하다. 우리의 첫 번째 부담은 하나님의 영광을 구하는 것이다. 그러므로 우리는 그리스도에게 복종해야 하고 복음을 증거하는 일에 우리의 생명을 내어놓고 앞으로 나아가야 한다.

갱신

내가 느끼는 두 번째 부담은 하나님 백성 안에서의 회복과 갱신이다. 어떤 특정한 시대적 흐름을 말하는 것이 아니다. 나는 살아 계신 하나님이 선택하신 방법이 어떤 것이든 사람이 회복되는 것을 보는 것이 얼마나 행복한 일인지 모른다. 캘리포니아에서 일어난 일이 스웨덴에서 일어나는 것과 같을 수 없다. 그리고 스웨덴에서 일어난 일이 독일에서 일어나는 것과 같을 필요는 없다. 하나님이 우리 안에서 역사하실 때, 그분은 우리의 민족성이나 인간성을 파괴하지 않으신다. 단지 우리가 문화의 차이를 이해할 때, 이 문화로부터 더 많은 사람이 나아오는 것을 볼 수 있다. 물론 그들은 당연히 그들이 가려고 하는 곳의 문화를 이해해야 한다. 우리가 성령과 승리의 삶에 대해 이야기할 때, 빌리 그래함은 다음과 같이 말했다. "나는 당신이 어떻게 그것을 얻는가는 상관하지 않습니다. 그러나 그것을 얻으십시오."

나는 거룩, 경건, 헌신, 제자도, 검소한 삶의 양식을 강조하는 것과 영적 혁명의 조화를 이루는 것을 간절히 소망한다. 그리고 그 모든 것에서 모든 나라를 전도하고 모든 세상의 사람들을 전도하는 세계 전도와 타문화 소통이 잘 결합되는 것을 보고 싶다. 대가를 지불하라. 우리는 예수님이 마태복음 9장 37절에서 하신 말씀을 알고 있다. "추수할 것은 많되 일꾼이 적으니."

이런 선교 대회는 매우 중요하고 필요한 모임이다. 내가 이것을 객관적으로 말할 수 있는 것은 내가 아무런 조직과 연관되어 있지 않기 때문이다. 나는 어떤 모임과 회의를 반대하는 비판이 있다는 것을 잘 알고 있다. 책을 많이 읽은 사람에게는 마치 많은 일이 일어나는 것처럼 들리지만, 일반적인 사람들은 대부분 그렇게 많이 읽지 않았거나 잘 알지 못한다.

사람들은 대부분 로잔이나, 태국에서와 같은 그러한 모임이 진행되는 곳에 초청받지 않았을 것이다. 아니면 이러한 선교 대회에 단순히 참여만 하는 어린 학생들일 수도 있다. 그러한 선교 대회와 회합은 필요하다. 왜냐하면 상황이 절망적이기 때문이다. 이란, 이라크의 위기를 해결하기 위한 모든 종류의 회합들이 지금 현재 이루어지고 있다. 엄청난 돈이 허비되고 있다. 그들은 중동의 위기가 어쩌면 3차 세계 대전을 불러올 수 있다는 것을 알고 있다. 사랑하는 형제자매들이여, 우리는 예수를 따르는 제자로서 이미 전쟁 가운데 있다. 그리고 이란, 이라크의 문제가 크게 느껴지지 않을 수 있다. 최소한 영적으로 말할 때 말이다.

지구 상 인구의 절반인 사람들이 미전도 종족을 위해 모임을 갖는 것, 함께 기도하고 계획을 세우며 일하는 것 그리고 우리가 더 많은 사람을 보내고 우리의 연합을 위해 할 수 있는 어떤 일이든 그 일을 하는 것은 매우 가치 있는 일이다.

함께 세우기

비판하는 것은 매우 쉬운 일이다. 오늘날 복음주의 운동 안에는 누군가를 비판하며 부정적인 사고를 하는 사람들이 존재한다. 빌립보서는 우리가 무엇에든지 참되고, 무엇에든지 정결하며, 무엇에든지 옳아야 할 것을 말한다. 무너뜨리는 일은 그 어느 누구든지 할 수 있다. 그러나 세우는 일을 위해서는 건축가가 필요하다.

나는 하나님이 여러분 개개인을, 마치 하나님의 부르심

을 받은 느헤미야가 누군가의 반대와 조롱 그리고 부족한 능력에도 하나님을 위해 세워졌던 것처럼, 영적인 건축가로 만드시기를 축복하고 기도한다. 우리는 함께 세우도록 부르심을 받았다.

느헤미야의 말씀은 내가 무엇인가를 하기 싫어할 때 어떤 일을 하도록 종종 도전하곤 한다만일 당신이 해야만 할 일을 하지 않는다면 당신은 결코 선교사가 될 수 없다. 이는 우리가 일하기 원하는 마음이 있어야 함을 말해 준다. 당신은 나와 함께 하나님이 우리에게 일하기 원하는 마음을 주시도록 기도하기 원하는가?

헌신

우리는 예수 그리스도와 그의 말씀과 세계선교를 위해 헌신했다. 그러나 정말로 그 말이 의미하는 것이 무엇인지 알고 있는가? 많은 나라와 문화, 특별히 풍요로운 사회에서는 이 말의 진정한 의미를 잃어 버리고 있다. 사람들은 입으로는 전적인 헌신을 말하지만, 새 차를 몰고 수억대가 되는 집에서 살고 있다. 사람들은 비난받는 것이 두려워 이를 보고도 말하지 못한다. 이 세상에는 수억의 사람들이 굶주림에 고통받고 있고, 수억의 사람들이 집이 없으며, 또 어떤 인도의 전도자는 자전거를 갖게 해 달라고 기도하기도 한다 어떤 이는 십여 년 동안 기도하기도 한다.

부요한 사회에서 사는 우리에게 이것은, 내가 믿기로는, 하나님께 죄를 짓는 것이라 생각한다. 그러기에 우리의 삶을 향한 하나님의 명령을 이해하는 데 실패하게 된다. 누가복음 14장 33절에서는 "이와 같이 너희 중의 누구든지 자기의 모든 소유를 버리지 아니하면 능히 내 제자가 되지 못하리라."고 아주 분명하게 말씀하고 계신다. 만일 강력한 능력의 선교사로서의 삶을 살려면, 반드시 예수님과 신약의 기준으로 돌아가야 한다.

우리 중에 전파되는 혐오스러운 교리적 가르침이 있다면, 그것은 모든 영적인 사람은 경제적으로 축복을 받을 것이라는 사실이다. 이 가르침은 많은 사람들을 혼란스럽게 만든다. 이러한 교리에 빠질 때, 실제로는 그처럼 되지 않을 뿐 아니라 그들은 영적이지 않거나, 혹은 그들 자신이 믿음의 사람이 아니라는 깊은 절망감에 빠져 버린다.

A.W 토저 박사는 신실한 그리스도인들이 더 쉽게 세상에 빠져들고 타락하기 쉽다고 말했다. 더 신실한 그리스도인들_{열성적이고, 흥분하고, 담대하게 헌신된}이 더 타락하기 쉽다.

내가 25년 전 처음 설교를 시작했을 때, 나는 주로 세계선교, 전적인 헌신 그리고 하나님의 모든 말씀 안에 있는 도전을 증거했다. 내가 사역을 지속하면서 사단의 전략을 보았을 때 나는 극단주의와 영적으로 균형 잡힌 부르심에 대해 새롭게 설교해야 했고, 그것을 성경말씀과 비교해야 했다.

세계선교와 그 비전에 대한 가장 커다란 장애는 우리가 갖고 있는 극단주의다. 나는 일생 동안 학생들과 대학청년들, 젊은이들과 사역을 함께하며 보냈다. 유럽에 있는 젊은이들 안에 있는 극단주의는 그야말로 믿을 수 없을 정도다.

세계선교를 믿지 않는 가정 교회 그룹들이 있다. 나는 세계선교는 옛날에 지나간 이야기라는 말을 설교 테이프를 통해 들은 적이 있다.

무한한 가능성

우리가 대가를 지불하며, '이미 희어져 있는 추수할 밭을 바라 볼 때' 그곳에는 정말 무한한 단기 선교의 가능성이 있다. 이만에서 삼만 명의 몰몬 선교사들이 선교지에 있다는 사실이 놀랍지 않은가? 영국에만 10만 명이 넘는 몰몬 개종자들이 있다. 그들은 이 세기가 끝나기 전에 칠만에서 팔만 명이 넘는 선교사들을 선교지로 보내려고 한다.

말일성도 그리스도 교회The Church of Jesus Christ는 최소한 일생에 한 번전통적인 선교사를 제외하고 십만 명의 남자들이 1년이나 2년 동안 선교 훈련에 참여한다. 최근에 나는 우리에게 필요한 거대한 선교사들의 숫자를 계산해 놓은 것을 본 적이 있다. 우리 중에 많은 이가 그 일들을 진행할 것이다.

나는 그들이 이태리와 같은 나라를 방문했는지 궁금하다. 이태리에 갔을 때, 그곳에서는 단지 중년 여성 두 분이 학생 선교를 하고 있었고, 이태리에 있는 모든 대학생들에게 복음을 전하려 시도하고 있었다. 그러나 그때로부터 지금까지 사실 더 이상 진전된 것은 없어 보인다.

세계선교의 도전은 그 어느 때보다 더 크다. 이러한 거대한 숫자의 선교사들이 쓰임 받을 수 있도록, 성령충만하고 헌신된 사람들이 필요하다. 나는 그들이 어떤 일을 할 때 몇 가지 중요한 기초적 원리를 알면 현지인 교회에 방해가 되지 않을 것이라 생각한다. 그것은 그 나라의 현지인 지도자들에게 순복하는 일, 다른 사람과 함께 일하고 너무 많은 짐을 지우지 않으며, 오히려 그들로부터 배우고 가능한 빨리 현지인에게 리더십을 이양하는 것 등이다. 대가를 지불하고 우리가 영적인 전쟁 가운데 있음을 인식하자. 사단은 전략적으로 우리를 대적해 올 것이다. 그에게는 하나님의 사람들을 끌어들이기 위한 죽음의 계곡이 있다.

서로 헌신하라

우리는 서로를 향해 헌신하는 것에 대가를 치르는 것이 필요하다. 오늘날 개인이나 어떤 그룹들, 심지어는 교회들이 자신만의 일을 하는 것은 얼마나 쉬운가? 나는 때때로 이 문제로 압도당했다. 나는 단순하게 교회 친교 모임를 떠나려고 했다. 그럼으로써 더 큰 우주적인 교회에 나를 동일시할 수 있었다. 우리에게는 다른 교제권, 다른 조직들이 필요하다. 우리는 모두 다른 생각을 갖고 있다. 결단코 모든 면에서 다 동의할 수는 없다. 그러나 우리가 세계복음화를 위해 나아갈 때 관계를 형성하고 세워 가야 한다.

이것이 선교 대회가 가치 있는 이유이다. 우리는 서로 다른 이들이 어떤 일을 하고 있는지 알고 이해해야 한다. 나는 로잔대회 세계복음화 협의회의 소그룹 세미나에 참석했고, 그곳에서 큰 경험을 했다. 오엠 지도자로서 그 대회에 참석하면서 나는 겸손해질 수밖에 없었다. 사람들은 내게 매우 친절했고, 나는 존경을 받았다. 내가 그곳에 갔을 때, 사람들은 나에게 말할 수 있는 기회를 주었다. 그러나 로잔 세계복음화 대회에 참석했을 때 나는 수천 명의 참석자 중 한 사람일 뿐이었고, 프란시스 쉐퍼 박사나 존 스토트와 같은 위대한 하나님의 사람들과 함께 있을 때는 참으로 미미한 존재였다. 나는 정말 겸허해질 수밖에 없었다.

하나님의 사람들과 함께하면서 그들의 사역과 하나님이 전 세계 열방 가운데 행하시는 일들을 들었을 때, 하나님의 치유가 임했다. 당신은 오엠선교회가 얼마나 작은지, 그리고 우리가 무엇을 하고 있든지 간에 그것은 대양 가운데 한

방울의 물일뿐이라는 사실을 깨닫게 될 것이다. 우리가 단지 거대한 몸의 아주 작은 일부분임을 알게 되는 곳에서 영적 성장이 일어난다. 당신이 그러한 상황 속에 있을 때, 당신의 기쁨이 주님으로부터 온다는 사실을 알게 된다. 우리가 모일 때 작은 기쁨을 우리 자신에게서 얻으려 한다면 그것은 매우 위험한 일일 수 있다. 하나님은 우리에게 말씀해 주신다. "섬김을 받으려 하지 말고 섬기라." 우리는 하나님만을 바라보아야 한다. 그렇지 않으면 곧 수많은 도전과 흥미로운 사람들 때문에 곧 압도당하고 말 것이다. 나는 하나님께서 우리가 관계 속에서 서로 세워 나가기를 원하신다는 것을 확신한다.

오엠 안에서 우리는 더욱더 자주 기도의 날, 또는 철야 기도회 때 다른 선교 단체들을 위해 기도하려고 노력한다. 강사들을 초청하여 그들의 프레젠테이션 사진들을 보며, 그들이 어떤 일을 하고 있는지 듣기도 한다. 이렇게 할 때 하나님은 우리를 축복하셨다. 많은 사람들이 자신의 나라에 있을 때는 다른 그룹들이 무엇을 하고 있는지 알 수 없다. 단지 지엽적인 것만 알 수 있다. 그들이 기독교 잡지를 읽고 있는지, 아니면 그들이 사람들을 싫어하는지 알 수 없다. 한 형제가 내게 "나는 반사회적인 사람은 아니지만 단지 사람이 싫다."라고 말했다. 우리가 하나님의 사역을 할 때, 다른 사람들이 어떤 일을 하고 있는지 아는 것은 참으로 중요하다. 우리는 반드시 기뻐하는 자와 함께 기뻐해야 할 것이다. 하나님이 우리가 하는 사역만을 기뻐하는 것을 극복할 수 있도록 도와주시기를 기도한다. 우리는 어떤 그리스도의 몸의 지체이든지, 그들이 쓰임 받고 축복받는 것을 기뻐해야 한다. 우리는 다른 교회나 그룹들이 최상이 되기를 바라는 성경의 가르침을 믿고 따르려 노력하고 있다.

강한 성격의 소유자

당신이 선교 사역을 시작하게 되면 강한 성격의 소유자들과 만나게 될 수 있다. 전 세계에 있는 많은 선교사들이 그러한 사람들이다. 그렇기 때문에 그들이 선교의 최전방에 있는 것이다. 약간 고집스럽지 않으면 아마도 아주 적은 숫자의 사람들만이 선교지로 가게 될 것이다. 당신의 가족은 당신이 선교사가 되기를 원하지 않을 수 있다. 아니면 당신의 부모님이 당신이 선교사가 되기를 바라지 않을 것이다. 심지어는 당신의 목사님이나 당신의 고용주가 당신이 선교사가 되기를 바라지 않을 것이다. 오늘날 영국에서는 학생들에게 대학을 가고 좋은 직장을 구하고 그리고 어느 정도 안정이 되면, 그때 선교지에 가라고 가르친다.

나는 그러한 생각을 갖고 있는 사람들이 얼마나 선교지에 나갔는지 궁금하다. 사람들은 결혼을 하고 삶이 안정되면, 일반적으로 그들은 삶에 깊이 얽매이게 된다. 이미 삶의 재미에 깊이 빠지거나, 또는 삶의 실망스러움에 빠지기 전에 선교지로 나갔던 사람을 제외하고는 아이들이 있는 가족들 중 아주 소수만이 선교지로 나간다. 우리의 적인 사단은 매우 영리하다. 그는 세계선교를 반대하는 아주 강력한 무기를 갖고 있다. 우리에게는 어떤 것이 주님으로부터 온 것인지, 아니면 원수 마귀로부터 온 것인지를 분별할 수 있는 지혜가 필요하다. A.W 토저는 "오늘날 교회에 필요한 가장 큰 영적인 은사는 바로 분별하는 은사"라고 말했다. 정말 절대적으로 이 은사가 우리에게 필요하다.

문화를 초월하여 소통하기

우리는 관계를 형성하기 위해 대가를 지불해야 한다. 당신은 다른 사람과 잘 어울리는가? 당신은 다른 사람의 말을 잘 듣는가? 당신이 싫어하는 말을 상대방이 했을 때 어떻게 사랑으로 그것을 극복하는가? 만일 당신이 그렇게 하지 않는다면, 단순히 선교 사역에서뿐만 아니라 당신의 삶에서 어려움을 겪게 될 것이다. 다른 사람들과의 관계를 형성하고 문화를 초월하여 소통하는 일은 매우 중요하다.

많은 사람들은 같은 문화 안에서도 소통의 문제를 겪는다. 따라서 그것에 대해 실망하고 낙담하지 않도록 주의해야 한다. 최근 어떤 이의 글에서, 우리가 타문화 복음 전도의 은사를 갖지 않는 한 우리는 진실로 문화를 초월해 소통할 수 없다고 했다. 나는 아직 이러한 은사를 갖고 있다고 주장하는 사람들을 만나보지 못했다. 분명한 것은 타문화 복음 전도에 관한 책을 읽는 사람들이 반드시 선교지에 나가는 것은 아니라는 점이다. 지난 25년 동안 나는 아주 단순하고 겸손한 사람들이 외국에서 스스로 섬기는 자로, 배우는 자로, 십자가의 길을 걷는 자로 사는 것을 보아 왔다. 그들이야말로 타문화 소통을 아주 효과적으로 하는데, 현지인과 함께 일하며 그들을 격려하는 모습을 보여 줬다.

나는 우리 개개인 모두가 어떤 면에서 문화를 초월한 소통을 할 수 있음을 믿는다. 물론 어떤 사람들은 다른 이들보다 더 탁월한 은사를 갖고 있을 수 있지만, 우리 각자도 모두 소통할 수 있다. 많은 것을 배우고 익혀야 하며 *Share Your Faith With a Muslim*^{무슬렘과 더불어 믿음 나누기}와 같은 책을 읽어야 한다. 세상의 여섯 명 중 한 명은 무슬렘이다. 그런데 선교사들 중 2퍼센트만이 이들 무슬렘 가운데 일하고 있다. 그렇다면 우리는 다른 사람들이 말하는 것처럼 무슬렘들을 위한 타문화 전도의 은사를 가졌다고 느낄 때까지 기다려야 하는가? 사람들을 선교지까지 가도록 할 때 이미 충분한 장애물이 있는데 새로운 장애물을 더 추가할 필요는 없지 않은가?

나는 우리가 이러한 종류의 생각을 인식해야 한다고 생각한다. 더욱더 많은 연구와 공부를 통해 우리가 좀 더 우리의 과업을 잘 완수할 수 있을 것이라는 생각인데, 이는 이성주의와 긴밀하게 연결되어 있다. 이것은 교과서적인 이론이다. 십대와 이십대에 최소한 2년 정도 선교지에 나가라. 그러면 당신은 이것이 사실이 아님을 알게 될 것이다. 나 개인적으로 잘 아는 인도의 바크트 싱^{Bakht Singh}의 리더십 아래 일어났던 거대한 교회개척 운동을 생각해 보면, 평범한 사람들, 그들 중 많은 이가 전혀 교육을 받지 않은 사람들이었다. 그들이 하나님의 말씀에 충만해져 있을 때, 교회는 개척되었고 문화를 초월한 소통과 전도가 이루어졌다. 많은 무슬렘들이 예수 그리스도께로 나아왔고, 300여 개의 교회가 현재까지 존재하고 있다.

파괴적인 적

최근에 나는 많은 기독교 단체와 기관들이 엄청난 어려움과 분열의 과정을 경험하고 있다는 것을 알게 되었다.

이러한 영적 전쟁은 실제이자 현실이다. 미국의 아주 위대한 기독교 지도자가 이혼 법정에 서 있는 것을 보면 우리 가슴은 무너져 내린다. 이는 장난도 아니고 어떤 종교적 축제도 아니라는 점을 기억해야 한다. 원수가 사람들을 파괴하려고 시도하는 전면전인 것이다. 당신이 하나님의 군대에 들어갈 때, 미전도 종족을 향해 복음을 전해야 한다고 결심할 때 그리고 세계복음화라는 하나님의 위대한 목적에 참여하려고 할 때, 당신은 원수의 공격 목표가 될 것이다. 당신이 어떻게 기도하고 사단의 공격에 대항해야 하는지 알지 못한다면, 당신에게 도움을 줄 수 있는 사람들과 교제를 하는 방법을 모른다면, 그리고 하나님의 전신갑주를 어떻게 입고 믿음의 방패를 어떻게 붙드는지 알지 못한다면, 사단의 불화살을 막을 수 있는 법을 알지 못한다면, 그렇다면 당신은 또 한 명의 사상자가 될 것이다.

양보다는 질

나의 가장 큰 첫 번째 부담과 관심^{마치 모순된 소리처럼 들리지만}은 선교사들을 더 많이 내보내는 것이 아니다. 우리가 훈련시키고 내보내는^{이 모든 것은 매우 중요하다} 양질의 선교사를 늘리는 것이다. 그러기 위해서는 대가를 지불해야 한다. 완벽하고 초월적인 영성이나 초자연적^{혹은 어떤 초인적인 복음주의}으로 훈련된 사람을 말하는 것이 아니라, 지극히 실제적인 질적 삶과 상한 심령, 정직 그리고 무엇보다 그리스도를 따르는 사람들을 말하는 것이다. 왜냐하면 우리는 그분 안에서 온전해지기 때문이다.

토저는 아주 위대한 선교 사상가로 세계선교에 깊은 관심이 있었다. 그는 교회의 사명을 두 가지로 보았다. 복음을 전 세계에 증거하는 것과 그 복음이 신약의 말씀처럼 순수한 기독교 신앙인지 분명하게 하는 것이었다. 이러한 증거가 일어나면 결과는 자연스럽게 나타날 것이다. 교회가 세상적이고 세속적이라면 교회 안에 있는 기독교인의 신앙도 그렇게 될 것이다. 말씀 자체뿐 아니라, 복음을 전하는 전도자의 성품은 회심자에게 영향을 준다. 그는 교회의 첫 번째 사명이 복음을 전 세계에 전하는 것이 아니라는 점을 강조한다. 교회의 첫 번째 사명은 복음을 전할 수 있는 합당한 영적 가치를 갖는 것이다. 즉 퇴색된 기독교 신앙을 복음이 없는 지역에 전파하는 것은 예수 그리스도의 대계명을 이루지 못하는 것이 된다.

토저의 이 선언은 나에게 아주 중요한 의미를 던져 주었다. 만약 우리 중의 많은 이가 우리 주 예수 그리스도를 위해 우리의 헌신을 다시금 새롭게 한다면 아주 영광스러운 일이 될 것이다. 어느 곳에 가든 그분이 우리를 인도해 주실 것이다. 우리는 많은 그리스도인들이 죄책감 아래에 있다는 사실을 발견한다. 그러한 이들은 무슬렘 사역에 합당하지 않을 것이다. 하나님은 당신과 나를 사랑과 은혜와 긍휼로 다루기를 원하신다. 사람들은 선교지에 가서 자신의 이러한 죄책감을 해결하기에 충분한 시간만큼 있다가 집으로 돌아오곤 한다. 여러분 중에 선교 사역에 대한 두려움이 있다면, 당신은 선교지에서 아주 이상한 음식을 먹고 끔찍한 기후 때문에 고통당하는 것을 생각하기 때문이다. 만일 당신이 하나님의 방법을 이해하고 믿음으로 행한다면, 아마 선교지에 가서 사역을 즐기고 있는 여러분 자신을 발견하게 될 것이다.

진정한 선교사는 끊임없이 맥도널드 햄버거와 캘리포니아의 해변을 금욕적으로 대하는 사람들이 아니다실제적으로 대부분은 맥도널드가 우리들보다 더 빠르게 선교지에 가 있다. 나는 스페인, 벨기에, 네덜란드 그리고 인도와 같은 선교지에서, 이 영적 전쟁터의 한 가운데서 얼마나 놀랍고 흥미로운 일들이 선교사들의 삶 가운데에 있는지를 보아 왔다. 선교 사역은 어떤 이들이 가질 수 있는 가장 도전적인 직업 중의 하나이다. 물론 우리 모든 그리스도인은 선교사들이다. 그러나 내가 여기서 말하는 것은 당신이 자신의 고유한 문화를 떠나 선교할 때이다.

소명

우리가 질적인 삶을 살기 위해 무엇이 필요한지를 생각해 보자. 앞으로 몇 년간 우리의 영적인 삶을 세우기 위해 말씀과 기도, 교제, 십자가 그리고 아주 강력한 기독교 서적과 사역 테이프, CD를 구해 보는 계획을 세워 보자. 하나님은 "지금 내가 여러분을 주와 및 그 은혜의 말씀에 부탁하노니 그 말씀이 여러분을 능히 든든히 세우사 거룩하게 하심을 입은 모든 자 가운데 기업이 있게 하시리라."행 20:32고 말씀하셨다.

하나님은 여러분에게 이번 주 동안 삶의 전환점이 되는 어떤 위기를 주실 수 있다. 하나님은 다양한 사람들 가운데서 다양한 방법으로 일하신다. 어떤 사람들은 아주 감정적인 선교사의 소명을 가지고 있다. 그들은 당신에게 그 시간,

그 순간을 이야기해 줄 수 있다. 조니 정글^{Johnny Jungle}이 뉴기니아로부터 돌아와 교회에서 프레젠테이션을 할 때, 당신은 감동되어, "주님 저를 받아주세요. 제가 가겠습니다."라고 말할 수 있다. 나는 종종 선교사가 어떻게 선교지로 부르심을 받았는지 들을 때 믿기지 않는 의외의 이야기들을 발견한다. 주님을 찬양한다. 당신이 순종하여 나아갈 때, 주님은 여러분을 지켜 주시고 사용해 주신다. 놀라운 일이다.

또 어떤 이들은 그러한 종류의 감정적인 선교사의 소명을 받지 못할 것이다. 그렇다면 그것을 구하는 것을 멈추어라. 여러분 중 혹 반드시 그런 감정이 필요하다고 느낀다면, 나에게 알려 주기 바란다. 그러면 내가 내 동료 중의 한 명을 당신에게 보내 주겠다. 그는 자정에 어떤 프레젠테이션을 보여 주고 당신 방에서 음악을 연주할 것이다. 그러면 당신은 그다음 날 곧 떠날 준비를 하게 될 것이다.

내가 당신에게 확신할 수 있는 것은 당신이 그렇게 하나님의 소명을 경험할 수는 없다는 것이다. 선교지에서 놀라운 사역을 하고 있는 사람들 가운데는 특별한 선교사의 부름을 체험하지 않은, 소명을 감정적으로 받지 않은 이성적인 사람들도 있다. 이들은 주님의 인도 아래 아주 천천히 깨달았고, 선교 사역에 대한 조언을 받았으며, 그렇게 선교 사역에 들어섰다. 때때로 하나님의 뜻에 대한 메시지를 들을 때 우리는 선교를 시작했을 때보다 더 혼란에 빠질 수 있다. 어떤 아주 좁은 길로 부르는 메시지는 하나님을 아주 좁은 길로 따르는 것을 보여 주기 때문이다. 하나님은 다양한 그룹에 속해 있는 사람들을 각기 다른 방법으로 사용하신다. 하나님은 네비게이토, 대학생 선교회와 같은 단체를 통해서도 일하시지만 다른 그룹의 사람들과 교제할 필요를 전혀 느끼지 못하는 사람들을 통해서도 일하신다.

올바른 우선순위

과업의 규모를 생각해 볼 때, 우리 삶의 올바른 우선순위를 살펴보는 것은 중요하다. 우리 중에 많은 이들이 강한 확신이 있지만, 우선순위가 무엇인지 알기 위해서는 분별력과 지혜가 필요하다. "좋은 것은 최상의 적이다."라는 말이 있다. 어떤 이들은 이차적인 문제에 끊임없이 붙잡혀 있을 수 있다. 만일 당신이 그렇게 느낀다면, 그것도 괜찮다. 그

러나 가장 중요한 문제인 하나님의 말씀에 관해서는 하나
가 되어야 한다.

아주 중요한 성경적 신념이라 할지라도, 우리에게 사랑
이 없다면 그것은 아주 쓴 뿌리로 변할 수 있다. 만일 우리
가 주의하지 않는다면, 결과적으로 우리가 받은 것은 쓴 뿌
리가 될 수 있다. 내가 지난 24년 동안 많은 나라들에 가서
무슬렘 선교의 도전에 관해 설교하면서 이것이 가능한 일
이라는 것을 깨달았다. 이러한 도전에 대해 많은 사람들에
게 말했지만, 반응은 아주 미미한 소수에 불과했다. 무슬렘
지역에 가서 선교하려 할 때, 대부분의 경우 교회들은 우리
와 협력하려 하지 않는다. 그래서 종종 외로운 외침으로 끝
날 수 있다. 당신이 주의하지 않는다면, 당신은 선교지에서
받은 상처로 쓴 뿌리가 생길 수 있다. 하나님께서는 쓴 뿌리
가 있는 선교사들을 원하시지 않는다.

마치 선교지에서 거의 기본적인 수준에서 고통스럽게 살
던 선교사가 고국에 돌아와 다른 사람들이 풍요롭게 사는
모습을 보게 되는 것과 같다. 선교사들이 교회 모임에 와서
함께 교제를 나눌 때, 당신은 그 마음에 있는 쓴 뿌리와 상

처를 발견하게 될 것이다. 이는 예수님의 달콤함과는 동떨어져 있는 것이다. 나는 우리가 얼마나 노력하고, 얼마만큼의 사람들이 우리의 도전에 반응하든지 간에, 항상 사랑과 친절 그리고 온유와 긍휼 안에 머물러 있어야 한다고 생각한다. 우리에게는 날 선 도끼가 있는 것이 아니라, 우리가 섬겨야 할 주님이 계신다.

이 세상의 모든 사람을 향한 메시지를 전파하는 일에서는 인내가 필요하다. 나에게는 몇 가지 장점도 있지만 동시에 아주 많은 약점이 있다. 나는 교회 안에서 그들을 보는 것보다, 젊은이들이 복음을 들고 나가서 전도하는 것에 더 관심이 많다. 이는 교회를 비판하는 말은 아니다. 왜냐하면 선교사를 보내고 싶어 하는 많은 교회들이 있기 때문이다.

하나님은 우리를 에딘버러에 큰 목적을 갖고 부르셨다. 특히 대학생선교협의회에 속한 이들은 유명한 사람들이거나, 똑똑하거나 교육을 많이 받은 이들이 아니다. 그러나 만일 예수 그리스도가 우리를 위한다면, 누가 우리를 대적하겠는가? 서로 함께 합력하여, 모든 사람들에게 복음을 전하는 위대한 영적 실제성과 비전을 품고 나아가는 그러한 때가 올 것이라는 믿음으로 하나가 되어야 한다. 그 결심은 항상 우리에게 달려 있다. 하나님이 우리를 사랑스럽게 이끌어 가시지만, 단지 듣기만 하는 자가 아니라 실제로 행하는 자가 되는 궁극적인 걸음은 항상 당신 몫이다. 나는 당신이 그것을 선택하기를 소망한다.

NOTE

수년 전에 에딘버러에서 열렸던 대학생 연합 선교 대회를 조직한 랄프 윈터 박사가 전한 메시지를 요약한 것이다.

말의 위험

이 글을 쓰는 나의 마음은 매우 무겁다. 죄와 사단 그리고 자아를 향한 미움이 점점 커져 간다. 나는 사단이 개개인을 쓰러뜨리려고 시도한다는 사실을 알고 있다. 사단은 배, 트럭, 교회 건물을 공격하지 않는다. 사람을 공격한다. 오늘날 사단이 사용하고 있는 방법 중의 하나가 바로 말로 인한 죄이다. 지금 이 글을 쓰고 있는 순간에도 나의 마음을 살펴보아야 한다. 나오지 말았어야 할 말들이 나의 입을 통해 나온 것을 회개한다. 이 말씀을 묵상해 보자. "형제들아 너희가 자유를 위하여 부르심을 입었으나 그러나 그 자유로 육체의 기회를 삼지 말고 오직 사랑으로 서로 종 노릇 하라.

온 율법은 네 이웃 사랑하기를 네 자신 같이 하라 하신 한 말씀에서 이루어졌나니 만일 서로 물고 먹으면 피차 멸망할까 조심하라."갈 5:13-15

나는 기도하는 마음으로 모든 팀들에게 '말로 인한 죄'에 대해 공부하기를 간청한다. 잠언 11장 13절, 12장 19, 22, 25절, 14장 23절, 15장 1, 4절, 17장 9, 28절, 18장 19절, 20장 19절의 말씀을 읽고 묵상해 보자. 우리는 신약에서도 동일하게 이 진리를 말씀하고 있다는 사실을 잘 알고 있다. 마태복음 18장 15-20절의 말씀도 함께 공부하고 실천에 옮겨보자.

우리는 오엠에 "오엠 포도주"가 있다는 소리를 듣는다 역자 주: 성찬식 때 포도주가 옆 사람에게로 전달되듯 순차적으로 전해지는 말. 이는 사단이 메시지를 전달하는 수법이 될 수 있다. 어떤 소식이 한 사람에게서 다른 사람에게 전달되는 것은 좋은 일이다. 물론 형제나 자매에 대한 부정적인 말이 아닐 때 말이다. 빌립보서 4장 8절의 말씀이 우리 삶의 안내자가 되게 해야 한다. 야고보서 3장 1절에 따르면 가르치고 설교하는 자는 우리보다 더욱 죄책감을 느낄 것이다.

사단은 매우 영리하다. 우리 중의 일부는 그것을 의식하지 못하고 행동할 수 있다. 고린도후서 2장 11절의 말씀을 보라. 어떤 정보든 다른 사람에 대해 말할 때는 더 많은 기도와 주의를 기울여야 한다.

마태복음 7장 12절은 또 다른 가장 기본적인 원칙이자 규칙이다. 리더는 사람을 평가할 때 기도 가운데 신중하게 해야 한다. 그러기에 다른 사람을 비방하는 사람은 리더의 자격이 없다고 나는 믿는다.

나는 어떤 리더가 다른 리더에 대해 나쁜 감정을 갖고 있다면, 그것이 어디서부터 시작된 것인지 따져볼 필요가 있다고 생각한다. 아마 언제인지도 모르게 슬며시 파고 들어왔을 것이다. 최근의 것은 더욱더 치명적이다. 만일 우리가 잘못을 느끼고 있다면 그것을 회개하고 바로 잡아야 한다.

팀 구성원들은 그들의 리더에 대해 말하는 것을 정말 조심해야 한다. 성경은 이렇게 말한다. "장로에 대한 고발은 두세 증인이 없으면 받지 말 것이요."딤전 5:19

다른 사람이 한 형제나 자매에 대해 부정적인 말을 옮기는 일은 우리가 쉽게 할 수 있는 어리석은 짓이다. 잠언은 이것이 가장 친한 친구를 이간질하는 일이라고 말한다. 과거에 이러한 일이 일어난 것을 우리는 보아 왔다. 악한 일을 하고 싶은 유혹이 들 때, 그 말을 한 사람이 회개했거나 그 마음을 바꾼 것을 생각하라. 그러면 당신이 전한 그 말은 거짓말이 된다. 전염병과 같은, 그러한 일이 일어나지 않도록 노력하자.

궁극적으로, 우리가 말로 지은 죄는 우리 자신을 해치는 일이다. 우리가 하는 판단은 종종 우리가 받는 판단이다.

나는 사역을 하고 있는 부부라면 이것을 읽고 주의하기를 기도한다. 왜냐하면 결혼한 사람들로서 우리는 더욱더 성숙해야 하기 때문이다. 만일 이런 문제에 대해 죄를 지은 사람을 분명하게 알고 있다면, 하나님의 사랑과 긍휼이 그 사람에게 흘러가도록 해야 한다. 만일 이것이 당신에게 거리낌이 된다면 마태복음 18장 15-20절 말씀을 실천해야 한다는 사실을 기억하자. 그들을 말로 인한 죄에서 구하기 위해 노력한다고 하는 일이 당신을 똑같은 함정에 빠지게 하지 않도록 주의해야 한다. 사실 어떤 복잡한 상황에서는 결코 쉬운 해답이 없기 때문이다. 만일 그런 상황이 우리를 염려와 두려움, 우울이나 낙담 가운데로 몰아간다면, 우리는 단지 사단의 손 안에서 놀고 있는 것이다. 예수 그리스도의 보혈만이 우리 죄를 덮어 주고 깨끗하게 하실 수 있다. 우리의 눈이 주님께 고정되도록 계속 나아가자.

NOTE

우리 중에 이 영역에 대한 필요가 있다고 느끼는 사람이 있다면, 이 문제를 해결하는 것과 관련된 책을 공부함으로써 추가적인 노력을 해야 할 것이다. 말로 인한 죄는 종종 더 깊은 영적 필요를 알려 주는 전조 증후이다.

Drops
from
a
leaking
tap

행동과 반응의 중요성

태도야말로 우리가 하나님과 동행하는 삶에서 가장 중요한 자질이라고 믿는다. 만일 우리가 잘못된 태도나 아니면 다른 기질로 인한 죄를 회개한다면, 우리에게 놀라운 영적 변화가 생길 것이다. 물론 이것은 우리의 행동과 반응에 연결되어 있다. 수년간 내가 이 영역에서 가끔 죄를 짓거나 넘어져 실패하기도 했는데 특히 집에서 자주 그랬다. 나는 가끔 리더와 이사들에게 빠른 대꾸로 상처를 주기도 한다.

20년 전에, 두 명의 리더가 거칠고 불쾌하게 즉각적으로 응대하면 안 되는 중요하고도 분명한 이유를 나에게 설명해 주었다. 반드시 기억하라. 어떤 영역에서는 빠른 대처가 생명을 살릴 수 있음을…. 그러나 나는 여기서 그 부분에 대해서는 언급하지 않을 것이다.

아무튼 나는 두 가지 이유를 발견했는데, 그것을 타이핑해서 내 오래된 성경책 사이에 넣어두었다. 그것을 포레스트 힐런던 우리 팀 모임에서 나누었는데, 나의 신실한 비서가 성경에 근거하여 다시 정리해 볼 것을 제안했다. 아래의 내용이 바로 그것이다.

- 과도한 반응을 하지 말아야 할 열 가지 이유

  1. 내가 틀릴 수도 있다.

  2. 다른 사람을 과도하게 방어적으로 만든다.

  3. 육적인 것이지 영적인 것이 아니다.

  4. 연합을 깨뜨린다.

  5. 다른 사람에게 상처를 준다.

  6. 성경적이지 않다.

  7. 하나님에 대한 잘못된 개념을 보여 줄 수 있다. 하나님의 통치하심과 주권을 잃어버리게 된다.

  8. 인간에 대한 잘못된 개념을 보여 줄 수 있다. 우리는 하

나님의 형상을 따라 지음을 받았다. 그러므로 우리는 정당하게 대우받아야 한다.

9. 인내력이 없음을 보여 준다. 모든 사람이 듣기는 속히 하되, 말하기는 더디 하며 속히 분을 내지 마라.

10. 예수님이 우리의 본이시다. 그분은 과도하게 반응하지 않으셨다.

- 어떤 일에 반응하지 않아야 할 열 가지 이유

1. 때로 우리의 타락한 성품이 나타날 수 있고, 성경적인 원리가 아니기 때문이다.

2. 다른 의견을 가진 상대방에게 도움을 주는 것이 아니라 종종 상처를 주게 된다.

3. 이성적인 토론이 불가능한 감정적인 환경을 만들며, "빛 가운데서 행하는 것"이 어렵기 때문이다.

4. 올바른 균형을 찾기보다는 마치 시계추의 움직임처럼 반응 반작용이 연속되게 한다.

5. 사람들에게 자신의 생각을 나누는 것에 대한 두려움을 갖게 만든다.

6. 종종 육신이 드러남으로 결과적으로 성령님을 슬프게 한다.

7. 상대방을 진정한 가치로 대하지 않음으로써 인간으로서의 존재 가치를 떨어뜨린다.

8. 긍정적인 측면보다는 부정적인 측면에 더 집중하게 된다.

9. 불신자들이 함께 있을 때 우리의 간증을 훼손하게 할 수 있다.

10. 반응으로 인한 상처를 치유하기 위해서는 수년이 걸린다.

육신의 정욕을 이기는 25가지 전략

1. 예수님에게 집중하라

2. 날마다 하나님의 말씀 안에서 행하라.

3. 매순간 회개하라.

4. 날마다 예배하라.

5. 중요한 성경말씀을 암송하고 묵상하라.

6. 날마다 다른 사람에게 복음을 전하라.

7. 다른 사람과 더불어 나누고 빛 가운데서 행하라.

8. 하나님이 당신을 용납하셨음을 인식하라.

9. 매일 운동을 하라.

10. 균형 잡힌 식습관을 유지하라.

11. 잠을 충분히 자라. 그리고 가능하다면 낮잠을 자라.

12. 활동적이 되라.

13. 분명한 목표를 가져라.

14. 매일 기도와 찬양을 하라.

15. 좋은 서적과 잡지를 읽어라.

16. 찬양이나 다른 음악을 들어라.

17. 매일 성경을 읽고 설교를 들어라.

18. 한두 사람과 여행을 하고 만일 가능하다면 배우자와 함께하라.

19. 이성의 상대방과 단 둘이 있는 상황을 피하라.

20. 도색잡지를 파는 곳이나 유혹에 빠뜨리게 하는 신문 가판대를 피하라.

21. 만일 호텔에 있다면 TV를 연결하지 마라. 그리고 호텔 방임을 인식하고 하나님의 사람들과 함께하라.

22. 하나님의 말씀 안에서 남편과 아내와 깊은 연합을 이루라.

23. 배우자와의 정기적인 즐거운 성관계를 즐겨라.

24. 이 세상에서 받아들일 수 있는 좋은 것들, 영화, 연주

회, 공원 산책, 식당, 놀이공원 등과 같은 문화생활을 즐겨라.

25. 진리의 균형을 유지하라.

Drops
from
a
leaking
tap

아마추어와 프로의 차이점

최근, 선교에서의 아마추어와 프로 정신에 대해 언급한 편
지를 받은 적이 있다. 이 주제에 대한 다양한 글들이 쓰였
고, 어떤 이들을 혼돈에 빠뜨리기도 했다. 지금은 새로운 것
이 아닐 지라도, 우리가 해결해야 할 논쟁거리이다. 이러한
문제는 사람들이 그들의 특별한 비전이나 프로그램을 사람
들에게 알리는 과정에서 제기된다. 이 일을 이루기 위한 그
들의 노력 중에 그들은 종종, 전혀 생각지도 못하게 다른 사
람들이나 그들의 사역을 업신여기는 경우가 있다.

이 문제를 나의 다른 책 *Out of the Comfort Zone*^{안전지대는 없다}
에서 다루었다. 내가 개인적으로 느끼는 것은 이 두 단어를

사용할 때 사람들이 혼동한다는 점이다.

어떤 이는 오엠을 "아마추어를 동원해서 일하게 하는 선교단체 중의 하나"로 여긴다. 나는 이러한 생각이 잘못되었다고 생각한다. 그들이 말하는 아마추어라는 말이 과연 무엇을 의미하는지 의문이 든다. 올림픽은 아마추어를 위한 것이 아닌가?

오엠은 단기 선교사들과 전문적인 장기 선교사, 즉 다양한 분야에서 교육과 훈련을 받은 선교사들이 함께 일한다. 초기에는 케임브리지와 옥스퍼드 졸업생들이 교육을 많이 받지 않은 이들과 더불어 사역했다. 하지만 그렇다고 교육을 받은 이들이 더 낫다고 말할 수 있을까? 선교지에 나가려고 하는 이들뿐 아니라 선교지에 있는 이들도 마찬가지로 선교 훈련이 필요하다.

이런 논의에서 볼 때 우리는 우리 주 예수 그리스도와 그분의 제자들을 어느 위치에 둘 수 있을까? 사도행전 13장에서 보내심을 받은 두 사람은 어떤가? 아마추어와 프로를 나누는 사람들의 생각대로라면 예수님과 그의 제자들은 아마추어에 불과하다. 그렇다면 성령의 사역은 어떤가?

우리 모두가 기억하자. 당신은 교육과 훈련을 통해 소위 전문적인 사람이 될 수 있지만, 여전히 선교지에서는 큰 실수를 할 수 있다. 물론 자국에서도 마찬가지이다. 우리는 실수에 대해 과도한 반응을 하는 경향을 갖고 있다 또한 그러 하다는 것을 알고 있다. 그러고는 만일 우리가 더 많은 훈련과 교리 교육을 받았다면 그러한 실수들은 하지 않았을 것이라고 쉽게 말한다. 하지만 그런 말은 사안을 너무 단순화하는 일이다.

내가 믿는 것은, 복음으로 잃어버린 세상을 회복해야 할 우리들이 더 많은 시간과 에너지를 다른 사람을 비판하는 데 쏟고 있다는 점이다 물론 비판해야 할 영역도 있다.

어떤 주장이나 이론을 책으로 출간하기 전에 좀 더 많은 조사와 연구가 필요하다. 세계선교는 더욱 복잡해졌고, 일반적으로 교회도 그렇게 되었다. 우리가 좀 더 균형을 갖고 은혜로 깨어나는 접근을 서로 다른 교회와 단체를 향해 하지 않는 한, 나는 성령님이 전 세계를 통해 하시고자 하는 일에 우리가 커다란 방해가 될 것이라고 생각한다.

사단은 항상 현장 교육을 강조하는 그룹과 학문적 훈련

을 강조하는 그룹 사이를 이간하려고 시도해 왔다. 분명한 것은 어느 한쪽만이 옳은 것이 아니고 양쪽 모두가 다 필요하다는 점이다. 어떤 이들은 그들이 사역하는 동안에도 연구하고 공부할 수 있는 은사를 갖고 있고, 어떤 이들은 좋은 교육적 환경이 제공되고 공부하는 훈련이 되지 않는 한 공부하는 것이 도저히 불가능한 사람들도 있다. 나는 "왜 신학교에 가는가?"라는 제목으로 설교를 한 적이 있다.

우리가 수년간 단기 선교로 사역했던 수천 명의 사람들, 특히 배의 엔진실에서 일을 하기 위해 왔던 사람들 중에도 후에 신학교를 가거나, 또 다른 종류의 사역을 위한 훈련을 받기 위해 비슷한 선택을 하는 경우를 보아 왔다. 빌립보서 2장 3-4절의 말씀에 우리가 순종한다면 이 모든 것 가운데 놀라운 균형을 가져오리라 믿는다. 나는 지금도 배움이 더 필요한 이들을 위해 이 메시지를 바친다.

균형의 혁명

1년 또는 2년의 단기 선교를 위해 오엠에 온 사람들에 대한 오엠 리더들의 진짜 고민과 부담이 무엇인지 궁금해한 적이 있는가? 한때 우리는 우리가 원하는 것이 땀과 눈물을 흘리며 수천 권의 전도 책자를 나누어 주고, 설교를 많이 하는 것이라고 생각했던 적이 있다. 하지만 아주 짧은 3일간의 리더 수련회에서 나누었던 이야기들을 엿듣게 된다면 당신은 아마 금방 눈치 챌 것이다. 주님은 매년 선교 운동을 하는 우리 리더들의 실수를 많이 보여 주셨고, 우리 리더의 마음을 깨뜨리셨다. 사실 우리의 최대 열망은 여러분 모두가 삶 가운데 영적인 균형을 갖는 것이다.

우리는 종종 우리 오엠 사람들이, 어떤 사안들에 대해 "이것이 우리가 해 왔던 방식이고 오엠 방식이다."라고 말하는 것을 듣게 된다. 어떤 사람들은 "전형적인 오엠 사람"이라고 불리기도 한다. 과연 무엇이 전형적인 "오엠 방식"인가? 나는 우리 모두가 종종 무심코 지나치는 사실들에 대해 함께 바라보기를 원한다.

이런 방법을 통해 우리가 정말 오엠이 믿고 있는 것이 무엇인지, 그리고 오엠이 진정으로 원하는 것이 무엇인지를 보기 원한다. 그리하여 우리의 삶 가운데 이러한 영역들이 올바르게 적용되는 일이 일어나고 시작되기를 바란다.

세상 속에서의 제자훈련

영적 균형이야말로 우리 각자에게 아주 실제적인 것이 되어야만 한다. 원리원칙을 단지 표면적으로만 이해한다면, 아마도 이런 원칙이 세상의 시험을 결코 이겨 낼 수 없다는 것을 금방 발견하게 된다. 나는 제자도가 단지 전임 사역자들만을 위한 것이 아니라고 확신한다. 제자도는 모든 신자를 위한 것이어야 한다. 제자도는 우리 오엠과 같이, 어떤 공동체에서 일하고 있는 사람만을 위한 것이 아니라, 또 로고스 같은 선교선에서 사는 이들만을 위한 것이 아니다. 제자도는 모든 곳, 모든 사람을 위한 것이다. 제자도는 어떤 엄격한 규칙이 아니다. 제자도의 원리들은 더욱더 유연하며, 그리고 많은 이들이 받아들이고 적용할 수 있는 것이다. 성경의 어느 한 진리를 균형 없이 극단적으로 취하게 될 때, 사람들은 좌절에 빠지게 될 것이다. 좌절은 결코 우리를 영적인 실제 가운데로 이끌 수 없다. 나는 진심으로 우리가 영적인 진리 가운데서 균형을 갖기를 원한다.

오엠 밖의 그룹

확고한 신념을 가져라. 그러나 개인과 한 인격으로서의 유연함과 융통성을 발휘해라. 이 진리는 모든 균형 잡힌 그리스도인을 위한 것이지, 단지 오엠 사람들만을 위한 것은 아니다. 사실 오엠 안에 있는 우리보다 오엠 밖에 있는 사람들이 이런 원리에 대해 더 잘 알고 있다. 오엠 안에 있는 우리가 갖고 있는 위험성은, 우리가 이러한 균형을 갖고 있지 않을 때 사람들에게 우리가 그것을 갖고 있다고 믿게 만드는 것이다. 때로는 오엠의 가르침을 한 번도 듣지 않은 사람들이 그 원리대로 살고 있을 뿐 아니라, 어떤 부분에서는 오히려 더 열정적으로 반응하기도 한다.

제자들은 아주 강한 확신이 있었음에도 유연했고 융통성이 있었다. 그들의 주요한 원천은 바로 사랑이었다. 사도 바울은 그가 원치 않았던 상황에 처했을 때, 그들과 맞서고 싶고 결코 그의 견해를 철회하지 않고 울부짖음으로 설교하기를 원했을 때에도 사랑으로 그 자신을 자제했다. 사랑은 우리가 말하기 전에 생각하도록 한다. 많은 사람이 우리의 말이 우리의 생각보다 빠르다는 것을 알고 있다. 이것이 우리를 어려운 상황으로 빠뜨린다는 사실도 잘 알고 있다. 진정한 제자는 강한 확신과 신념이 있다 할지라도 유연하며 융통성이 있다.

때로 당신이 듣는 설교 중에서 지극히 작은 주제이지만 아주 강한 확신이 들 수 있다. 만일 당신이 다른 단체나 그룹에 참여한다면 아마도 그들은 다른 신념과 확신을 갖고 있음을 발견하게 될 것이다. 당신이 유연하지 않고 융통성과 사랑이 없다면, 당신은 다른 신념과 확신을 가진 사람들과 쉽게 교제할 수 없을 것이다. 어떤 사람이 오직 한 그룹에만 속하기를 원한다면, 이는 그가 균형을 잃어 버렸음을 보여 준다.

나는 여러 번 구세군에 속하기를 원한 적이 있었다. 어떤 영역에서는 그들은 우리 오엠이 믿고 있는 믿음과는 다른 견해를 갖고 있다. 그러나 그들에 관한 것을 내가 읽었을 때, 우리가 동의하지 않는 영역들이 있음에도 나는 그들과 함께 일하고 싶은 강한 열망을 갖게 되었다.

높은 목표

높은 뜻과 목표를 가져라. 그러나 완전하게 당신 자신을 받아들이도록 하라. 조금은 다르게 표현되었을지라도, 자기 용납을 주제로 한 많은 메시지가 선포되었다. 그러나 그 설교를 수백 번 들었다 할지라도 그것을 기억하지 못할 수 있으며, 더 나아가 그 메시지를 제대로 이해하지 못할 수도 있다. 사단은 속이는 데 있어서 전문가이다. 우리가 갖고 있는 성향은 다른 사람들을 비판하고 정죄하는 것이다. 우리 자신 안에 있는 실수나 연약함보다 다른 이들의 연약함을 보게 만든다. 우리가 강력한 메시지를 들을 때, 우리는 다른 사람들의 연약함을 보는 것과 더불어, 그렇지 않음에도 우리 자신이 꽤 잘하고 있다고 생각하곤 한다.

오엠은 다른 기독교 단체보다 어떤 영역에서는 목표가 매우 높다. 이러한 목표가 우리를 비현실적이 되도록 만들 수 있다. 어떤 그룹에 있는 그리스도인들은 비현실적이 되거나 극도로 예민해질 수 있는데, 그 이유는 그들의 목표를 이루는 것이 불가능해 보이기 때문이다.

기독교인들은 목표를 매우 높게 잡을 뿐 아니라, 현실과 동떨어진 목표를 받아들이는 경향이 있다. 그런데 이것은 그들을 죽음으로 몰아갈 뿐 아니라, 심각한 고민에 빠지게 한다. 또한 그들을 좌절시키며, 결국에는 타락으로 이끈다. 높은 목표와 뜻과 더불어 우리는 반드시 완전한 자기 용납이 있어야 한다. 우리 안에 아주 깊은 내적 평강이 있어야 한다. 왜냐하면 우리가 우리 자신의 실수로 진흙탕 속에서 헤맬 때에도 우리를 사랑하는 자 안에서 받아들여지고 용납되기 때문이다. 균형을 잡는다는 것은 매우 어려운 일이다. 그곳에는 위험이 있다.

물론 우리는 높은 목표가 있어야 한다. 프레드 자비스^{Fred} ^{Jarvis}는 "그리스도인들의 커다란 범죄는 실수가 아니라, 너무 낮은 목표다."라고 했다. 그러나 우리는 우리가 할 수 있을 만큼의 높은 목표를 세워야 한다. 오엠의 선교선에도, 우리가 갖고 있는 문제 중 하나가 목표를 너무 낮게 잡는다는 것이다. 그러나 우리는 온전한 자기 용납과 함께 높은 목표를 세워야 한다. 그래야만 비록 목표를 이루지 못했을 때에도 산더미 같은 자기연민을 자신을 향해 쌓아 놓거나, 절망과 낙심의 구렁텅이에 빠지지 않고 오히려 진정한 영적 균형을 유지할 수 있다.

쉼의 훈련

세 번째 영적인 균형은 우리가 쉬고 있을 때 강도 높게 자기 훈련을 하는 것이다. 사역과 휴식의 두 가지 영역은 모두 매우 중요하다. 당신은 아주 어려운 상황에 놓일 수 있다. 그래서 휴식할 때에도 강한 에너지와 자기 훈련이 필요하다. 당신이 자유롭고 편안하게 세상에 자신을 맡겨 버리는 때가 올 수 있다. 쉼과 훈련 이 두 가지의 균형 없이는 매우 극단적이 되거나 혹은 어떤 것도 이룰 수 없게 된다.

어떤 이는 아마 이렇게 물을 것이다. "우리는 항상 군인이 되어야 하는 것이 아닌가요?" 그렇다. 그러나 군인이라 할지라도 그가 항상 자신의 손가락을 방아쇠에 올려놓고 있지는 않다는 사실이다. 진정한 군인은 어떻게 휴식을 취할지를 아는 사람이다. 휴식을 통해 육신의 힘과 능력을 비축해서 다시 전투에 나갈 수 있고, 한 달이 걸릴 일을 일주일에 성취할 수 있다. 빌리 그래함 목사님은 최근에 이런 말을 했다. 만일 10년 정도를 더 살 수 있다면, 나는 먼저 내 삶을 전적으로 싸우는 일에 헌신하고 그 후에 하나님의 말씀을 읽고 기도하며 쉬는 데 드릴 것이라고 했다.

어떤 이는 오엠 사람들은 절대 휴가를 가지 않을 거라고 생각한다. 하지만 이것은 사실이 아니다. 우리에게는 반드시 휴가가 필요하다. 바이올린 연주자는 연주를 하기 전에 줄을 팽팽하게 조여 놓지만, 연주가 끝나면 다시 그 줄을 풀어 놓는다. 만일 그렇게 하지 않으면, 그 줄은 끊어지게 될 것이다. 우리는 반드시 쉬는 법을 배워야 한다. 그렇지 않으면 우리의 삶은 만신창이가 될 것이다.

우리의 영적인 삶뿐 아니라 우리의 건강한 삶을 위해서, 휴식을 갖는 것은 매우 중요하다. 사람들은 각자 다른 방법으로 휴식을 취한다. 어떤 사람들은 쉬기 위해 일로부터 완전히 분리되고, 어떤 사람들은 한 주간 동안 휴식을 취하며, 또 다른 이들은 단지 몇 시간 동안의 휴식만 갖는다. 때로는 쉼을 위해 그들의 직업을 바꿔야 할 때도 있다. 다른 사람들의 일과 쉼에 대해 바른 태도를 갖는 것은 당신의 일을 유연하게 하고 몇몇의 다른 사람들처럼 경직되게 일하는 것을 막아 준다. 나는 훈련과 휴식 이 둘을 같은 비중으로 생각하지만, 아마 내가 훈련보다는 믿음 안에서의 쉼에 대해 더 많이 설교하는 것을 듣게 될 것이다. 왜냐하면 우리는 훈련에 대해서는 많이 알지만, 쉼에 관해서는 아는 것이 별로 없기 때문이다.

실망 없이 집중하기

네 번째로, 우리는 강박적이지 않으면서 염려하는 것이 필요하다. 최근의 한 연구 결과에 따르면 강력한 개신교 복음주의자 중 많은 이들이 매우 강박적인 모습을 보인다고 한다. 어떤 일들이 올바르게 되도록 염려하고 생각하지만 강박적이 되지 않고 지내는 것은 건강한 일이다. 어떤 일이 잘못 되어 갈 때조차도 우리는 마음의 평안을 유지해야 한다. 어떤 일을 하고 싶어 하는 욕망과 심리적 충동은 하나님으로부터 온 것이 아니다. 그것은 옛사람으로부터 온 것이다. 우리가 약간 강박적인 사고를 갖고 있는 것에 대해 두려워하지 말자. 실제로 대부분의 사람들이 그런 성향을 갖고 있다. 현대 심리학자들은 "결혼 전에는 성관계를 하면 안 된다."와 같은 개신교 윤리를 갖다 버려야 한다고 말한다. 그러나 또 다른 심리학자는 최근에 "빅토리안의 윤리는 사람들을 강박적인 사고 세대로 만들었지만, 20세기의 자유 윤리는 사람들을 정신병적인 세대로 만들었다."라고 말했다. 정신병은 강박적 사고보다 열 배는 더 심각한 문제다. 우리는 양쪽 모두 다 되어서는 안 된다.

방을 깨끗하게 하고 정돈하는 일은 매우 중요하다. 방에 쓰레기가 널려 있어 치우는 것은 좋은 일이다. 그러나 방 안에 조그마한 먼지가 있어도 신경이 거슬린다면 그 사람은 어느 곳에서든 살기가 어렵다. 그 작은 먼지를 제거하는 데만 온 신경이 쓰일 것이기 때문이다. 결국 그는 방 전부를 다 뒤집게 될 것이고 가만 있지 못할 것이다. 결국 그런 예민한 신경 때문에 어떤 상황에든 정착하지 못할 것이다^{종종 결혼생활에서도 일어나는 일이다}. 완벽주의자들은 대부분 강박관념이 있다. *None of These Diseases*^{어떤 질병도 없다}라는 책에서 이 부분을 정확히 말하고 있다. 완벽주의자들은 결국 깨지게 된다. 왜냐하면 그로 인해 주변의 많은 사람이 깨지기 때문이다.

실패를 통한 온전함

다섯 번째로, 우리의 목표는 온전함이다. 우리의 실패와 부족함을 다루는 것을 배우는 동안에도 온전함에 이르기 위해서는^{사실 모든 그리스도인의 목표는 온전함이 되어야 한다} 성령 안에서 사는 삶을 살아야 한다. 또한 다른 사람들을 공격하지 말아야 하고, 충만한 사랑을 가져야 하며, 모든 일을 바르게, 그리고 하나님의 영광을 위해서 해야 한다. 이것이야말로 영적인 온전함이고, 우리의 목표다.

우리 각자는 우리의 실패를 인정해야 한다. 특히 우리 자신의 실패와 실수 그리고 부족함을 받아들여야 한다. 그리스도인들은 종종 그러한 높은 기준을 갖게 될 때, 그리고 그 기준에 다다르지 못할 때 무엇을 어떻게 해야 할지 모른다. 그들은 완전히 실망하고 자기연민의 수렁에 빠져 허우적거리다가 다시 시작하는 데까지 굉장히 오랜 시간이 걸린다. 실패한 사람들은 잘못을 회개하고 하나님이 그들을 용서하셨다는 사실을 믿는다. 그러나 실제로는 지옥에 있는 것과 같은 고통을 당하게 된다. 만일 그들이 감정적으로 자신을 징벌하고, 정신적인 고통 속에서 며칠을 살고 나면 다시 영적으로 처음의 정직한 상태로 돌아갈 수 있다.

어떤 그리스도인들은 아침에 경건의 시간을 갖지 못했다는 이유로 하루 종일 실망하며 산다. 그들은 진실로 마귀가 그들을 아주 어려운 일로 덮칠 것이라고 믿는다. 그러나 성경은 경건의 시간이라는 것을 언급하지 않는다. 우리가 경건의 시간을 빼 먹든, 빼 먹지 않든 상관없이 마귀는 우리를 공격할 것이다. 우리는 모두 온전함을 추구해야 한다. 그러나 그것으로 너무 예민해지지 않도록 해야 한다.

어린아이인가, 아니면 어른인가?

여섯 번째 균형은 영적 미성숙을 극복하는 것이다. 기독교 세계와 교회 안에는 정말로 많은 영적 미성숙이 있다. 우리는 오엠 안에도 참으로 많은 영적 미성숙이 있다. "이 형제도 했는데 저도 할 수 있지 않나요?" "저 형제가 그곳에 갔는데 나도 그곳에 가고 싶어요." 아니면, "그가 이것을 가졌는데 나도 갖고 싶어요." 어떤 이들은 이것을 '유치함' '어린아이와 같음'이라고 말한다. 그러나 이것은 사실 '미성숙함'이다. 진실로 성숙한 그리스도인은 말한다. "다른 사람들은 가능할지 모르지만 나는 그렇게 할 수 없어요." "다른 이들은 어떨지 모르지만 나는 원치 않아요." 수년 동안 나는 하나님이 내가 손목시계를 갖는 것을 원치 않는다고 생각했다. 그러나 나는 단 한 번도 손목시계를 공격하는 설교를 한 적이 없다. 지금 나는 손목시계가 있다. 얼마나 요긴한지 모른다. 이전에 다른 사람들이 손목시계가 하나 필요할 거라 제안했을 때도 나는 꽤 오랫동안 손목시계 없이도 살 수 있었다.

참으로 놀라운 일은, 우리는 참 쉽게도 "난 이것을 원해

요."라고 한다는 것이다. 우리가 필요하기 때문이 아니라 단순히 다른 사람이 갖고 있기 때문이다. 정말로 필요하다면 우리는 그것을 소유할 수 있다. 그러나 얼마나 자주 우리가 미성숙하게 행동하는지, 다른 사람들이 갖고 있는 것을 보고 갑자기 그것을 갖고 싶어 한다. 이것은 우리를 참으로 우스꽝스럽게 만들기도 한다. 어떤 사람이 특별한 음식을 제공받는 것을 보면 우리는 시기하기까지 하니 말이다. 아니면, 나는 없는데 굉장히 헌신된 제자라고 생각했던 사람이 아이패드를 갖고 있는 것을 보면, 그것을 가져야겠다는 결심을 하게 된다. 이것은 "다른 사람의 수준에 맞춰 살기"이다. 바울의 삶을 통해 보여 주었던 것처럼 하나님의 방법은 혁명적이다. 그에게 있어서는, 다른 사람들은 가졌지만 그는 소유하지 않았고, 다른 사람들에게는 필요했지만 그는 필요하지 않았다. 여러분의 영적인 삶을, 다른 사람 심지어 여러분이 알고 있는 가장 헌신된 그리스도인이라고 생각하는 사람을 기초로 해서는 안 된다. 주님이 당신에게 알려 주신 하나님의 말씀에 기초해야 한다.

실제적인가, 율법적인가?

마지막으로 우리는 개인적인 확신과 성경적인 것과의 차이를 구별하는 것을 배워야 한다. 우리는 성경말씀을 모든 상황에 적용할 수 있다. 당신은 어떤 상황이든 성경을 통해 그 근거를 찾을 수 있다. 그러나 문제는 성경 본문의 상황과는 상관없이 말씀을 따로 적용하려고 하는 경우다.

오엠 안에서 하는 어떤 일들은 성경적인 원칙이 아닌 경우도 있다. 이러한 원칙은 가장 최소한의 문제점을 안고 있기에 받아들이고 수용한다. 우리 주변에는 언제나 문제가 있다. 명확하고 변하지 않는 원칙과 특별한 상황에서만 필요한 원칙을 분명하게 구분하는 법을 반드시 배워야 한다. 예를 들면, 식사 시간과 같은 것은 성경적이냐 아니냐 하는 것과는 아무런 상관이 없다. 이것은 단순히 실제적인 문제이다.

영적으로 성숙한 사람은 무엇이 성경적인지, 그리고 어떤 것이 특정한 상황의 문제인지 분별할 수 있어야 한다. 오엠 안에서 강조하는 어떤 것들은 오엠 상황에서는 특별할 수 있지만 다른 사람들에게는 강요할 필요가 없는 것일 수 있다. 어떤 사람이 오엠을 마치고 난 다음에, 자기 부인을 아침 6시 30분에 깨우면서, "여보, 당신 지금 일어나서 운동하지 않으면 당신은 진정한 예수님의 제자가 아니야."라고 말할 수 있다. 그러면 부인은 돌아누우면서, "제발, 저는 좀 더 자고 싶어요."라고 할 것이다. 불쌍한 사람 같으니! 우리는 영적인 균형이 필요하다.

사역을 마친 선교사들을 위한 권면

나는 브리스틀Bristol에서 교회 모임을 마치고 런던에 있는 집으로 가기 위해 기차 안에 앉아 있다. 이 글을 위한 가장 적절한 말들이 생각나게 해 달라고 주님께 눈물로 기도하고 있다. 이 글이 그동안 선교지에서 사역해 왔고, 지금은 집에 있거나 아니면 지금 집을 향해 가고 있는 사역자들에게 도움이 되고 격려가 되기를 간절히 바라는 마음이다.

우리는 재입국이라고 부르는데, 본국으로의 귀국은 처음 선교지로 가는 것보다 더 큰 도전이다. 7개의 도전적인 말씀이 내 마음속에 떠올랐다. 나는 당신이 이 말씀들을 생각하고, 하나님으로부터 온 중요한 주제의 말씀들을 간직할 수 있기를 바란다.

진실성

영어에서 위대한 단어 중 하나가 바로 '진실성'Integrity이
다. 이 단어는 개방적, 정직함, 정결함 그리고 실제성을 요
구한다. 이 말은 우리가 행한 일이나 본 일을 과장하지 않는
다는 의미이며, 또 말로 인한 죄에 대해 아주 조심한다는 뜻
이다. 그것은 재정적인 문제에서 전적으로 투명하고 정직
해야 함을 말하는 것이다.

훈련

이것은 정말 오랜 시간을 두고 증명되어 온 것인데, 훈련
없는 은혜는 은혜가 아니라는 점이다.

힘든 일과 훈련을 요구했던 선교의 경험을 하고 나면 이
영역에 있어서 우리는 긴장의 끈을 내려놓기 쉽다. 팀 사역
이나 리더십 밖에서, 우리는 더욱더 자기 훈련을 해야 한다.
이것을 시도할 때, 우리는 잘못된 의사소통을 하기 쉽고 균
형을 잡는 데 실패할 수 있다. 우리는 예수님을 믿는다고 고

백하는 사람과 데이트를 할 수 있고, 첫 번째 데이트에서 침대로 가거나, 아니면 최소한 결혼 전에 함께 침대로 갈 수도 있다. 어떤 이들은 강력하게 억눌린 성적인 욕망과 함께 선교지를 떠날 수 있고, 그들이 집에 돌아갔을 때 긴장이 풀려 난잡한 환경에 처하게 되기도 하며, 그들의 도덕적인 경계를 내려놓게 되어 결국에는 엉망진창인 삶을 살게 되기도 한다.

어떤 이들은 선교사들을 거부한다. 더 만나기를 원치 않거나, 너무 영적이거나 금욕주의적이라고 그들의 연락처에서 지워 버리기도 한다. 선교사는 자기 자신을 증명해 보이려고 노력하지만, 항상 성공하지는 않기에 거부당하는 감정이 쉽게 찾아온다. 사단은 우리를 낙담시킬 수 있는 모든 방법을 동원할 것이다. 우리가 낙담하게 될 때 그것은 우리를 유혹에 빠지게 한다. 우리는 매일 믿음의 방패를 높이 들어야 할 것이다엡 6장. 그리고 우리를 낙담케 하는 불화살을 멈추게 해야 할 것이다.

실제성

나는 종종 어떤 사람들이 특정한 훈련 프로그램을 마치고 돌아오거나, 여름 단기 선교 행사를 끝내고 돌아오면 환상적인 기독교인의 삶에 대한 생각에 사로잡혀 오는 것을 발견한다이것은 어떤 교회 안에서, 아니면 어떤 종류의 책을 읽는 것을 통해서도 온다. 하지만 기억해야 할 것은 우리가 성령충만하다고 할지라도 여전히 인간이라는 사실이다. 실제적으로 좋은 사람, 심지어 헌신된 그리스도인들도 잘못된 일과 죄악된 일을 한다.

아주 끔찍한 일이 훌륭한 사람들에게서도 일어난다. 우리는 시편을 사랑한다. 그리고 가끔 잠언을 읽는다. 하지만 종종 잊어버리는데 이러한 위대한 책들도 욥기를 통해서 나왔다는 사실이다.

비전

하나님이 우리에게 주신 비전을 이루어 나가기 위해서는 정말 치열한 전쟁을 해야 한다. 우리는 보내는 사람 혹은 선교 동원가가 되어야 한다. 선교사를 위한 선교사가 되어야 하는 것이다. 모든 노력을 기울여 하나님이 선교지에서 우리에게 가르쳐 준 것들을 겸손함으로 다른 사람들에게 전하도록 노력해야 한다. 이것은 결코 쉬운 일이 아니다. 그곳에는 많은 방해와 절망이 존재한다.

때때로 우리가 사랑하고 도움을 주고 영향을 끼침으로써 세계를 품은 그리스도인이 되도록 돕는 일은 한 번에 오직 한 사람에게만 할 수 있을지 모른다. 좋은 도구를 사용하는 것을 시도해 보라. 즉 책, 카세트 그리고 CD 등은 그것이 무엇을 의미하는지 사람들이 이해하고 깨닫는 데 도움을 줄 것이다.

선교지에 있는 사람들과 지속적으로 연락해야 할 필요가 있다. 특히 그리스도인이 되도록 당신이 도움을 주었던 사람들과 말이다. 약속한 것을 깨지 않도록 노력하라. 만일 당신이 그들을 위해 기도하겠다고 약속했다면, 당신은 반드시 그들을 위해 기도해야 한다. 교제할 수 있도록 시도하라. 필요하다면 같은 마음을 가진 사람들과 전화로 교제하라. 선교의 열정이 당신의 마음속에서 계속 불탈 수 있도록 노력하라.

은혜

찰스 스윈돌^{Charles Swindol}이 쓴 *The Grace Awakening*^{은혜에의} ^{각성}을 꼭 읽어 보라. 피터 조던^{Peter Jordan}이 쓴 *Re_entry*^{재입국} 는 당신이 직면한 중요한 문제들을 성령의 능력으로 극복 할 수 있도록 도와준다. 당신이 고국에서 마주치게 될 도전 과 어려움은 아주 분명하다. 이러한 책들은 사람들이 당신 에게 아주 어리석은 질문이나 정말 형편없는 최악의 질문 이나 혹은 아무런 질문을 하지 않을 때 넓은 마음을 가질 수 있도록 도와줄 것이다.

이 은혜의 혁명은 이기적이거나 비전이 없는 사람들을 받아들이거나 용서할 수 있도록 도와준다. 우리는 반드시 은혜롭게 반대를 수용하는 법을 배워야 한다. 그리고 아주 미묘한 형태로 나타나는 선교사의 교만을 인식할 수 있는 법을 익혀야 한다. 그것은 우리가 죄를 짓거나 실패할 때 우 리 자신을 지속적으로 용서할 수 있도록 도와줄 것이다. 하 나님의 은혜는 우리가 하나님의 거룩함의 중심으로 가는 길에 있도록 해 줄 것이다. 얼마나 놀라운 은혜인가!

용서

선교지에서 당신에게 상처 준 사람을 진실로 용서해 본 적이 있는가? 당신 자신에게는 어떠한가? 당신이 범한 실수와 죄들에 대해서는 용서했는가? 만일 그랬다면 당신은 올바른 길을 걷고 있는 것이다. 왜냐하면 이제 당신은 고국에서 당신에게 상처를 주는 사람들을 용서할 수 있기 때문이다. 특히 당신이 속한 선교단체나 모교회와 관련된 가장 비현실적인 기대들을 주의해야 한다.

만일 공항에서 환영을 받았거나, 정말 성대한 대접을 받았다면 주님께 감사하고 영광을 돌려라. 하지만 만일 그렇지 않았더라도 여전히 주님을 찬양하라. 당신의 기쁨과 만족의 첫 번째 조건과 근원이 주님 자신이 되게 하라. 사람들의 사랑과 도움은 유리컵 위에 넘쳐나는 물이나 부가적으로 주어지는 보너스가 되어야 한다.

비현실적이지만 종종 성경적인 기대를 인식하기를 간청한다. 당신이 선교사로서 처음 보는 선교지의 사람들을 그 문화 안에서 받아들였던 것처럼, 여러분의 고국이나 고향에서 사람들을 받아들이고 사랑하는 법을 배워야 한다. 우리가 선교지로 갈 때 상황화하는 접근을 했던 것처럼 고향으로 돌아갈 때도 동일한 상황화의 접근이 필요하다고 나는 믿는다. 우리를 위해 기도하고 후원해 준 이들에게 은혜로운 마음을 가져야 한다. 보내는 자들을 높이는 법을 배워야 한다. 그리고 이 거대한 선교 사명을 감당하는 데 있어서 그들이 동등하게 역할을 감당하고 있다는 사실을 깨달아야 한다.

주도적

어떤 압력이나 스트레스 상황 가운데 있을 때, 그 일들에 대해서만 반응하는 것은 얼마나 쉬운가! 그럴 때의 반응은 일반적으로 부정적이다. 삶과 사람들로부터 오는 충격은 아주 치명적이다. 그러한 공격은 대부분 온당치 않은 것들이다. 그럴 때에 고린도전서 15장 58절, "그러므로 내 사랑하는 형제들아 견실하며 흔들리지 말고 항상 주의 일에 더욱 힘쓰는 자들이 되라 이는 너희 수고가 주 안에서 헛되지 않은 줄 앎이라."는 말씀을 기억하자.

지역 교회가 당신을 잘 도와주지 않을 때, 비판적이 되거나 부정적이 되지 않도록 하라. 그리고 계속 그럴 수 있도록 노력하라. 당신이 선교지에 나가 있는 동안 그들이 겪은 어려움이나 경험들에 대해 경청하고 그들의 상황을 이해하도록 하라.

빌립보서 2장 3절의 말씀을 기억하라. "아무 일에든지 다툼이나 허영으로 하지 말고 오직 겸손한 마음으로 각각 자기보다 남을 낫게 여기고." 그것은 매우 두려운 일이긴 하지만 여러분의 교회, 도시 그리고 나라의 문젯거리들을 발견하는 것은 매우 쉬운 일이다. 터키와 인디아 등 그곳이 어디이든지 간에 비행기에서 내렸을 때 우리가 가졌던 동일한 용기가 필요하다.

당신은 사역했던 지역 사람들 중에 이민자나 유학생으로 와 있는 이들을 찾고 그들을 향해 기도하고 전도하는 것에 힘써야 한다. 오늘날 선교지는 모든 곳이 될 수 있음을 기억하며 선교의 비전을 더욱 확고히 해야 한다.

나는 이 글을 흔들리는 기차 테이블에서 손으로 다 썼다. 그러는 사이에 기차는 런던 역에 도착했다. 나의 비서가 나의 글씨를 알아볼 수 있기를 바라며, 당신도 이 글을 읽게 되기를 소망한다.

하나님의 축복이 여러분과 함께하기를!

본향에 이르러

안식년을 맞은 이들과 이미 단기 선교나 장기 사역을 마치고 영구적으로 귀국한 선교사들을 위해 아주 실제적인 제안을 하려고 한다.

선교사 개인이나 가족들이 몇 달이든 일 년이든 사역을 멈추고 휴식 시간을 갖는다면 이는 그들 자신에게 아주 유익한 변화와 쉼의 시간이 될 뿐만 아니라 고국에 있는 믿음의 신자들을 향한 귀한 사역의 기회가 될 것이다.

당신이 집으로 돌아올 때, 내가 정말로 강조하고 싶은 것은 사단은 당신과 당신의 사역을 무너뜨리기 위해 사악하고 악랄한 공격을 멈추지 않는다는 점이다. 여름 단기 사역이나 여러분이 사역지에 있을 때보다 고국 또는 고향에서의 시간이 훨씬 더 좋을 것이라는 기대는 상상조차 하지 마라. 내 생각으로는 많은 사람들이 치명적인 실수를 하는 부분이다. 잠시 휴식의 시간을 갖는 것은 좋지만, 믿음의 방패를 땅에 내려놓고 긴장을 풂으로써 완전히 무방비 상태로 사단의 불화살 공격을 허용해서는 안 된다.

당신이 고향에 와서 겪을 수 있는 위험들은 어떤 것들이 있는지 살펴보자.

부도덕

새로운 환경에 있을 때, 특히 당신이 아주 문란하고 난잡한 문화 가운데 있을 때_{요즘 문란하지 않은 사회가 어디 있을까 싶지만} 당신은 이 영역에서 갑자기 더욱더 강력한 유혹을 받을 수 있다. 일반적으로 고국에서는 당신이 선교지에서 했던 방식처럼 당신의 리더십에 복종하지 않을 것이다. 이것은 큰 유혹으로 당신을 이끌 수 있다. 사단은 당신이 어떤 일이든 고국에서 할 수 있고 그것에 대해 아무도 모를 거라고 유혹할 것이다. 어떤 면에서는 이것이 사실이기도 하다. 그러나 우리는 그리스도를 위해서 사는 것이지 사람을 위해 사는 것이 아니다.골 3:23 이러한 사단의 불화살 공격을 대항해야 하는 것이 필요한데, 나는 이러한 훈련을 게으르게 해서는 안 된다고 생각한다.

특별한 취급

어떤 나라에서는 고국에 돌아온 선교사들을 마치 전쟁에서 돌아온 영웅처럼 대한다. 하지만 이것은 매우 위험한 일이다. 사람들이 우리를 계속 환영해 주고 선물을 주면 우리는 마치 정말 많은 헌신을 한 것 같은 느낌을 받는다. 그들은 우리가 선교지에서 마땅히 해야 할 것이라 여겼던 것들을 보상해 주려고 한다. 그러다 보면 선교사는 갑자기 몸무게가 늘어난 자신을 발견하게 되고, 이것은 장기적으로 건강을 해치는 요인이 될 수 있다.또한 다시 선교지로 돌아갈 때 특별히 제3세계 나라에서는 그리 좋은 영향을 주지 못한다.

반대적인 상황도 일어날 수 있는데 사람들이 당신이나 당신의 선교 사역에 전혀 관심이 없을 수 있다. 이것을 조심하지 않으면 자기 연민이나 상처가 될 수 있다.

이보다 더 위험스러운 일은 고국에 있는 사람들과 잘 지내기 위해 선교사가 갖고 있는 확신을 희석하거나 타협하는 아주 미묘한 상황이다. 이 모든 상황에 대한 영적인 분별력과 우리가 빠질 수 있는 가능한 위험성에 대해 인식하는 것이 필요하다.

어떤 경우에는 선교사들이 다시 선교지로 돌아가는 것을 어렵게 느낀다. 특별히 아주 더운 제3세계 같은 경우가 그렇다. 실제로 어떤 선교사는 안식년이 지나고 나서 다음 안식년을 기다리며 살기도 한다. 그리고 항상 고국에서의 놀라운 시간들을 그리워하고, 결국에는 하나님의 사람들에게 모든 특별한 대접을 받는 유익을 취하려고 한다.

일반화

선교사가 짧은 기간 동안 고국을 방문할 때 불완전한 삶의 모습을 갖고 온다. 그러면 사람들은 종종 우리를 도와준다. 교회나 혹은 다른 사람들에게 재정적인 지원을 받고 고국에서 누리는 삶의 풍요를 맛보게 된다. 그러나 선교지에 사는 사람들로 인해 해마다 겪는 일상적인 삶의 문제들을

거의 나누지 못하고 오기도 한다는 고국에 돌아가서 힘든 직업을 갖고 일
년 간의 삶을 스스로 해결해야 하는 선교사들에게는 전혀 다른 문제이다. 소위 말하는 '1년간
의 본국 사역' 통해 이곳저곳을 방문하며 여러 모임을 갖고 여러 사람과 함께 살면서 최소한의
필요를 공급받는 것과도 매우 다르다. 그렇기에 여러분이 고국에 돌아갔
을 때 선교사의 삶에 대해 너무 일반화하지 않는 것이 중요
하다.

어린이들에게 끼치는 영향

선교사 가족에 대한 끊임없는 논쟁 중 하나는 어린아이
들을 고국으로 데리고 가는 문제이다. 어떤 경우에는 부모
들이 사역하고 있는 나라에 안정적으로 정착하는 것은 불
가능한데, 안식년 기간이 되면 아이들에게 자신의 조국을
사랑하도록 감동과 영감을 줄 수 있다. 아이들이 적어도 한
나라를 자신들의 조국이라고 생각해야 한다. 내 경우에 있
어서는 우리 아이 두 명은 미국보다 우리가 일하고 있는 영
국을 더 그들의 나라라고 생각하는 것 같다. 물론 어떤 특정
한 나라에 몇 년 정도 외에는 거주할 수 없는 경우의 선교사
들과는 많이 다르다.

때로는 한 문화에서 다른 문화로 옮겨 가는 변화들이 아이들을 혼란스럽게 할 수 있다. 특별히 아이를 단지 일 년 정도 학교에 보냈을 경우에는 더욱 그렇다는 선교사가 자신들이 사역하고 있는 나라에서 아이들을 빼내 본국의 학교에 보내는 것이 옳은지에 대해 개인적인 확신이 없다. 하지만 크게 반대하는 것은 아니다. 특별한 경우, 예를 들어 일 년 정도의 안식년을 본국에서 가져야만 하는 상황과 같은 때는 달리 다른 방법이 없다는 것을 안다.

궁극적으로 우리는 모든 것을 주님께 맡겨야 하며 우리와 아이들의 삶 가운데 어떤 것도 불가능한 것이 하나님께는 없음을 믿어야 한다. 최소한 이 두 경우에 있어서 우리는 장,단점을 잘 따져보아야 한다. 우리는 종종 사역하고 있는 나라의 학교를 비판하는 경우가 있다. 사실은 어떤 나라이든 교육 제도와 구조에는 사단이 지속적으로 사용하는 미묘한 함정이 도사리고 있다.

쓴 뿌리

선교사가 풍요롭게 살고 있는 본국으로 돌아와서 사람들이 사는 삶의 모습을 보면 그들 마음속에 원망과 쓴 뿌리가 생기기 쉽다. 우리는 특별한 문화 안에서 모든 그리스도인이 어떻게 믿음으로 살아야 하는지에 대해 배우는 것을 잊어버리는 경우가 있다. 자신들의 문화에서 어떤 것을 내던져 버리고 더욱더 주님처럼 닮아 가는 것이 하나님의 뜻이라는 확신이 있다. 그렇지만 이것은 시간이 걸리는 일이다. 우리의 가장 큰 필요는 우리가 그들의 문화 속에 사는 그리스도인들을 만날 때 인내하며 우리의 삶을 통해 본을 보이는 것이다.

하나님은 각기 다른 사람들을 다양한 방법으로 이끄신다. 고국으로 돌아갈 때 절대로 이 사실을 잊어서는 안 된다. 우리가 본국 교회의 상황을 보고 엄청난 재정을 낭비하는 것을 볼 때, 이 또한 부정적으로 보기 쉽다. 상황을 긍정적으로 생각하고 어떤 문제나 어려움에도 주님이 행하시는 것을 바라보는 것은 매우 중요하다. 하나님의 사람들을 향한 우리의 도전은 부정적이거나 잘못된 태도에 기초한 것이 아니라 긍정적인 것이어야만 한다.

인자가 온 것은 섬김을 받으려 함이 아니라 도리어 섬기려 하고

선교사가 고국에 돌아갈 때 범하는 큰 실수는 선교사 자신들을 아주 특별한 사람으로 대접해 주기를 바란다는 점이다. 우리는 주님의 자녀로서 어디에 있든지 간에, 우리의 관심은 그들에 의해 섬김을 받는 것이 아니라 섬기는 것이어야 한다. 물론 우리가 사람들에게 섬김을 받을 수 있지만 우리의 우선순위를 바로 두고 적절한 목표를 세워야 한다. 우리가 사역지에 있는 것보다, 주님을 향한 사역으로 더 많이 고통을 당하는 사람들이 고국에도 분명 있다.

모든 상황에서 실제적인 영적 민감함이 필요하다. 사역지에 있든, 고국에 있든, 우리는 영적 전쟁 가운데 있음을 깨달아야 한다. 사단은 끊임없이 우리를 공격할 것이다. 그러므로 소위 휴가도 진정한 영성을 대체하는 것이 될 수 없다. 매일 주님과 함께 걷고 자신을 부인하며 십자가를 지고 그를 따라야 한다. 만일 우리가 주의를 기울이지 않는다면, 고국에 도착했을 때보다 영적으로 더욱 심각한 상태에 있는 자신을 발견하게 될 것이다. 다른 사람들이 우리를 섬기는 것에 대한 기대가 아니라, 우리가 다른 사람들을 섬기는 것을 먼저 생각해야 한다.

죄책감

어떤 것을 즐기고 있거나 이전의 상황보다 우리 삶이 훨씬 더 편해질 때 우리는 죄책감을 느끼기 쉽다. 이것은 금욕주의적인 성향인데 매우 위험스러울 수 있다. 우리는 어떻게 즐거움과 편안함을 다룰 것인지 기도 가운데 주님 앞에 내려놓을 필요가 있다. 모든 부요함이 사단으로부터 오는 것이라고 생각하는 것은 실수이다. 왜냐하면 주님도 분명히 사람들에게 복을 주시기 때문이다. 한번 상상해 보라. 주님께서 부요한 사람들을 택하시면 하나님 나라의 일을 하는 데 어떤 일이 일어날 것인지를….

부요와 안락의 문제에 대한 쉬운 대답은 없다. 언제 무엇을 소비해야 할 것인지 결정하는 일은 하나의 전쟁이 될 것이고, 이 문제를 율법주의적으로 다루려고 시도하면 점점 더 어려움에 빠지게 될 것이다. 개인이나 교회적으로 우리가 무엇을 할 것인지, 그리고 어떻게 이 모든 상황에 반응할 것인지 분별할 수 있는 것은 우리의 인생에서 하나의 도전이 될 것이다. 분명한 것은 우리가 무엇을 하든지 간에 성령의 열매가 없을 때에는 영원한 가치가 없다는 점이다.

소비 - 흥청망청 물질주의

우리는 고국에 오면 종종 사역지보다 훨씬 싸고 그곳에서 구할 수 없는 것들을 살 때가 있다. 또한 사람들이 우리에게 그러한 것들을 주기도 한다.

그렇게 되면 실제적으로 우리에게 필요하지 않은 많은 것들을 갖고 선교지로 돌아오게 된다. 그런데 이것은 우리 주변 사람들에게 일종의 걸림돌이 될 수 있다. 우리의 모든 소유물이 우리와 함께 일하거나 제자 훈련을 하는 이들에게 갖고 싶은 욕망이 들게 할 수 있다. 다시 한 번 말하지만 균형을 잡는다는 것은 정말로 어려운 일이다. 다시 선교지로 되돌아가는 것을 생각하며 각각의 물품에 대해 기도할 때, 우리는 사고 싶은 욕망에 저항하는 법을 배울 수 있다. 이럴 때 우리의 기독교 신앙은 매우 실제적인 것이 된다. 우리가 전하고 믿고 있는 메시지는 매일 우리 삶의 일부가 되어야 한다.

공부와 기도 등한시

휴가나 안식년 중에 있다는 것이 우리가 기도와 하나님

의 말씀에 소홀해도 된다는 말일까? 그렇지 않다. 나는 가끔 안식년 중에 있을 때 선교사가 다른 사람들과 함께하는 기도 모임을 소홀히 한다는 말을 듣고 놀란다. 물론 그들은 기도하는 시간들이 그립다고 말하지만, 실제로 기도 모임에 참여하려는 적극적인 노력은 거의 하지 않는다.

기독교 신앙은 우리가 아주 적은 소유를 갖게 되거나, 어떤 학위를 갖게 되거나 또는 자신이 기뻐하는 일들을 할 때 진정한 시험 가운데 놓이게 된다. 물론 선교지 일정으로부터 일정 시간 전적으로 자유로워지는 것은 매우 가치 있는 일이다. 그러나 그것이 우리가 주님과 함께 더불어 충성스럽게 동행한다는 것에서 자유로워진다는 의미는 아니다. 동행한다는 것은 하나님의 사람들과 함께 기도 가운데 동참하는 것이요 매일 예배를 드리며 하나님의 말씀을 공부하는 것이다.

고국에 영구 귀국

오엠에서 함께 일하다가 지금은 다른 일을 하는 친구가 있는데 이러한 원리가 특히 일정 기간 동안 고국에 돌아가 있는 사람들에게 적용될 수 있음을 깨달았다. 선교지에서 일정 기간을 보내거나 이와 비슷한 상황에 있다가 일반 직장을 찾아 새로운 일에 적응하거나 일상적인 삶을 사는 것은 상당한 도전이다. 이것은 우리가 처음 자유분방하고 원칙 없이 살던 선교지에 가서 적응할 때보다 더 어려움을 줄 수 있다.

글을 맺으면서 나는 이 글이 완성되지 못했다는 사실을 깊이 깨닫는다. 이것은 단지 시작일 뿐이다. 나는 내 자신이 배우는 입장에서 이 글을 쓰고 있다. 많은 영역에서 내 자신의 필요와 부족함을 깨닫는다.

기도 모임은 어떻게 되었는가?

과거의 위대한 하나님의 일꾼이었던 사무엘 채드윅^{Samuel Chadwick}은 "사단의 가장 강력한 목표는 우리의 기도의 삶을 무너뜨리는 것이다."라고 했다. 사단은 기도 없는 공부, 기도 없는 사역 그리고 기도 없는 종교를 전혀 두려워하지 않는다. 그러나 우리가 기도하는 것을 두려워한다는 채드윅의 말이 사실이라면^{다른 많은 하나님의 사람이 이와 비슷한 이야기를 했다}, 우리에게는 문제가 있다. 만일 당신이 교회생활에 문제가 있다고 느낀다면 아마도 그것은 기도하지 않기 때문일 것이다. 실제로 많은 교회가 현실적인 이유로 기도 모임을 하지 않는 경우가 많다.

기도에 관한 책은 수없이 많다. 대부분의 목사님들은 기도에 대해 지속적으로 설교한다. 그러나 만일 우리가 교회의 교리 중에 행하지 않고 말로만 하는 것이 있다면 그것은 아마 기도일 것이다. 나는 유럽과 북아메리카에 있는 수천 개의 교회와 전 세계에 있는 교회와 함께 사역해 왔다. 그러면서 내가 계속해서 놀라는 것 중의 하나는 바로 진정한 마음으로 드리는 합심 기도가 없다는 점이었다. 물론 예외적인 교회들도 있지만 그곳은 정말 소수에 불과하다. 기도가 없는 교회를 보면 과연 어떤 메시지나 도전이 이들에게 영향을 줄 수 있을지 가끔씩은 의문이 든다. 이제 우리는 기도해야 할 때이다. 교회생활의 중심에 다시 기도 모임을 되돌려 놓아야 한다.

사실 내가 이 글을 쓰게 된 것은 어느 교회에서 주말 사역을 마치고 돌아오면서부터이다. 그 교회는 기도 모임의 참석 숫자가 적어서 주중 기도 모임을 더 이상 하지 못하고 있었다. 그러나 성령님은 그 주일 저녁에 역사하셨다. 마지막 주일 저녁 모임 때 그 교회 목사님은 수요일 저녁에 다시 기도회를 한다고 광고했다. 이후에 내가 듣기로 약 50여 명의 사람들이 참석했고 정말로 놀라운 기도 시간을 가졌다고 한다. 어떤 교회들은 역동적이고 생동감 있게 기도 모임을 잘하고 있다. 여가를 즐기고 텔레비전을 사랑하는 활동적인 시대에 살지만, 당신의 교회도 여전히 기도 모임을 잘할 수 있다는 사실을 보여 주어야 한다. 그러나 그러기 위해서는 우리에게 행동이 필요하고 훈련과 참을성, 놀라운 사랑과 인내 그리고 영적인 실제가 요구된다.

기도 모임에 관해 어떤 그리스도인들은 마치 죽어 있고 형편없이 준비된 기도 모임에 가는 것을 중단했다고 말하고, 어떤 이들은 오직 의무감과 죄책감 때문에 간다고 했다. 하지만 이런 핑계나 이유보다 살아 계신 하나님의 임재로 들어가는 더 높은 목적을 가져야 하는 것은 아닐까? 왜 우리는 주님 자신보다도 특별한 강사나 프로그램에 더 관심을 갖는 것일까? 주님은 우리 교회 가운데 어떤 권위를 갖고 계실까? 만일 우리가 하나님의 사람들과 더불어 정기적인 기도 모임을 갖는 것에 우선순위를 두고 있지 않다면 주님은 우리 삶 가운데 어떤 권위를 갖고 계실까?

변화의 필요

변화를 위해서는 영적이고 실제적인 혁명이 일어나야 한다. 우리에게는 하나님 안에서 신성한 실제적 변화를 경험하는 것과 더불어 깊은 헌신이 필요하다. 목사는 설교를 준비하기 위해 수많은 시간을 할애하지만 기도 모임을 위해서는 얼마나 많은 시간을 준비하고 있는가? 이와 관련해서 기도 모임을 수요예배나 '기도와 성경공부'처럼 약간 절충하는 것도 생각할 수 있는데, 그렇게 되면 단지 십분 또는 이십분의 중보기도 시간이 성경공부와 기도제목을 나누고 난 후 주어진다. 나는 이것이 아무 것도 하지 않는 것보다는 훨씬 낫다고 생각한다. 그러나 많은 사람들은 '아무것도 하지 않는 것'이 낫다고 생각하고 참석하지 않는다.

내가 교제하고 있는 교회들은 기도와 성경공부를 위해서로 다른 날 저녁 모임을 한다. 어떤 교회는 두 가지를 함께 진행하기도 하지만 적어도 한 시간 정도는 기도 시간을 갖는다. 어떤 교회는 기도회를 여러 가정에 모여 하기도 한다. 물론 이것도 좋지만 이러한 경우 종종 교제 시간을 더 많이 갖는 경향이 있다. 이런 그룹들이 기도할 때 그들은 종종 중보기도의 영역에서 어떤 실제적인 것이 부족할 수 있다. 그래서 최소한 한 주는 모든 회중이 함께 모여 기도하는 모임을 가질 필요가 있다. 우리는 사도행전 1장 14절의 본을 따를 필요가 있다. 그들은 함께 모여 합심으로 기도했다.

나는 교회가 기도회와 같은 모임에 무관심한 것은 성경적 교회가 갖는 최대 실수 중 하나라고 생각한다. 그러한 속임은 사실 자유주의 신학이나 이단적인 것보다 더 큰 사단의 계략이고 기만이다. 실제적으로 고린도후서 10장 4-7절에서 기도는 사단이 어떤 방법으로 우리를 공격할 때 우리가 대항할 수 있는 가장 중요한 방법이라는 사실을 보여 준다. 우리는 영적 전쟁에 관한 속성에 대해 눈이 가리어져 있다. 많은 사람들이 주일 아침예배와 주일학교에 가는 것만으로도 모든 것이 잘 되고 있다는 느낌을 받는다. 만일 성령님이 우리를 떠나신다 해도 그저 약간의 변화만 일어나고 말 것인가? 그리고 모든 것은 예전처럼 진행될 것인가?

우리는 그러한 죽은 믿음에서 떠나기 위해 할 수 있는 모든 것을 자원하는 마음으로 해야 한다. 아주 깊은 수준의 영적 분열이 있는 곳에서는 너무 늦은 것처럼 여겨진다. 그럴 때는 오직 급진적이고 아주 깊은 회개를 통해서만 회복될 수 있다. 어떤 것이든 지속적이고 실제적인 일이 교회생활의 중심에서 일어난다면 그것은 진실로 기도 모임과 우리의 개인적 기도의 삶이 가장 중요한 것이 되어야 한다. 우리 주님이 우리의 삶과 우리 교회 프로그램 가운데 가장 중요한 자리에 계실 수 있도록 되돌려 놓자.

교회 리더들은 행동해야 한다

모든 교회의 일원들이 한마음이 되는 것에 대한 필요와 함께 실제적인 행동이 일어나기 위한 책임은 목사와 교회 리더들에게 달려 있다. 교회 리더들이 함께 모여 토론하고 어떤 특정한 행동을 위해서 모이는 것은 매우 중요하다. 그리고 기도 모임이 교회에서 그들의 가장 중요한 행사 중 하나가 되도록 해야 한다. 목회자들은 기도에 대한 성경을 기초로 한 분명한 설교와 가르침이 필요하다는 사실을 깨달아야 한다. 그들은 기도 모임 가운데 피해야 할 부분에 대해 알 필요가 있다. 한 번에 너무 긴 시간 동안 기도하는 것, 기도가 아니라 설교를 하는 것, 오직 자기 교회만의 필요를 위해 기도하는 것, 주마다 변하지 않고 계속 똑같은 방식으로 기도 모임을 진행하는 것 그리고 자신과 다르게 기도하는 사람들을 판단해 조롱하고 업신여기는 것, 아니면 영어를 잘 못하거나 신학을 잘 모르거나 기도 응답에 대한 어떤 기대나 믿음이 없는 사람들을 무시하는 일 등이다.* 기도에 관한 많은 책들은 언제나 구할 수 있으며 회중들에게 『세계기도정보(Operation World)』 2011, 조이선교회와 같은 기도정보 책자도 널리 배포해야 한다. 교회 지도자는 아주 진지하게 준비하고 섬겨야 한다. 그래서 각 기도 모임이 아주 세밀하게 계획되고 전적으로 사용될 수 있도록 해야 한다.

기도 모임의 실제성

기도 모임에 대한 염려 가운데 하나는, "어떻게 기도 모임이 가장 지루하고 인기 없는 주중 모임이 되지 않도록 판에 박힌 틀에서 벗어날 수 있을까?" 하는 것이다. 나는 20년

---

* 오엠의 모임은 각 나라, 문화, 다양한 언어적 배경에서 온 사람들이 모여 이루어진다. 비영어권 지역에서 온 사람들이 겪는 어려움 가운데 하나는 바로 영어로 기도하는 것이다. 역자주.

동안 우리 사역 가운데 효과적으로 사용했던 몇 가지 방법을 소개하고자 한다. 우리가 발견한 것은 모임이 더욱 익숙해질수록 판에 박힌 일상적인 것이 되기 쉽고 우리에게 별로 생동감을 주지 못한다는 사실이다. 따라서 다양한 형태의 모임을 갖는 것이 정말로 중요하다. 때로는 예배, 중보, 감사로 기도 모임을 시작하거나 짧게나마 기도에 대한 도전을 주는 것으로 시작할 수 있다. 만일 하나님의 말씀을 전하는 시간이 주어진다면 짧지만 아주 강력하게 말씀을 선포해야 한다. 그리고 개인의 특별한 기도 응답에 대해 나누어도 좋다.

기도는 우리의 생각과 마음을 다해 행해져야 한다. 개인의 참여가 요구되는 일이 없을 때, 사람들의 생각은 다른 곳을 향해 가기 쉽다. 그러므로 여러 그룹으로 나누어져 각 개인이 참여할 수 있는 기회를 주는 것이 좋다. 예를 들어 각 그룹에게 어떤 지역이나 영역에 필요한 정보를 주고 그 제목들에 대해 집중하여 기도하도록 요청할 수 있다.

우리는 가능하거나 필요하면 영상을 사용하기도 한다. 많은 선교단체가 기도에 도전이 되는 아주 효과적인 영상

물들을 만들었다. 이러한 영상을 보여 주면서 중간에 잠시 기도하는 시간을 가질 수 있다.

그러나 기도 제목은 짧게 나누는 것이 좋다. 아주 긴 기도 제목은 오히려 모임의 영적 흐름을 방해할 뿐 아니라, 기도할 수 있는 시간을 단축시킨다. 기도, 찬양과 감사의 제목은 미리 파악해서, 사람들이 도착할 때 나누어 주거나 칠판이나 보드에 써 놓을 수도 있다. 제일 좋은 방법은 빔 프로젝트를 사용하거나 특별히 여러 나라들을 지도로 보여 주는 것이다.

개개인에게 특정한 나라에 대한 정보들을 계속 최신의 것으로 업데이트할 수 있도록 위임할 수도 있다. 예를 들어 최근의 통계와 같은 것이 될 수 있고, 그 지역에 대한 인구, 종교, 선교 사역이러한 것들은 『세계기도정보』로부터 쉽게 얻을 수 있다, 또 그 나라의 상황에 대한 최근 뉴스와 같은 것이 될 수 있다. 만일 교회가 파송한 선교사들이 있다면 그들의 최근 상황을 포함할 수 있을 것이다. 그리고 목회자가 선교사 가족을 '입양하도록 격려하는 것도 좋은 방법이 될 수 있다. 정기적으로 편지를 보내거나, 시간이 될 때마다 그 가족에 대한 소식과 필요를 나눌 수도 있다. 교회와 성도, 선교지에도 굉장히 격려가 될 수 있는 방법 중 하나는 만일 가능하다면 선교지를 방문하는 것이다.

다른 사람들이 기도하도록 권고하고 격려하라. 그들이 문법이나 신학적 내용이나 양에 대해 거부감을 느끼지 않도록 도와줘라 오엠의 상황에서 여러 나라의 선교사들이 모여 영어로 기도하는 것은 늘 큰 장애였다. 특별히 자주 기도하지 않는 사람들이거나, 전혀 기도하지 않는 사람들을 격려하라. 그러나 어떤 이도 당황하지 않도록 배려하라. 무엇보다 성령님의 즉각적인 역사와 기도 모임이 제 몫을 다하도록 각자가 돕는 것과의 균형이 항상 필요하다. 인내하고 실망하는 것을 거부하라. 사람들은 기도의 실제성을 저녁의 한 기모 모임을 통해 배울 수 없다. 더욱더 그들의 비전이 세계적이 되도록 돕기 위해서는, 세계 지도를 사용하거나 다른 도움이 되는 도구를 사용하는 것이 좋다 기도 정보에 대한 기도 카드를 만드는 것이 가능하다. george@verwer.om.org로 메일을 보내라.

기도 모임을 일으키라

더 많은 공부와 연구, 컴퓨터를 사용하는 것_{물론 그것들은 '선교학'}^{처럼 매우 유용하다}이 하나님의 사람들이 열정적으로 기도하는 것을 대신하는 대체물이 될 수 없다. 수백 개가 넘는 성경말씀과 넘쳐나는 좋은 책들은 하나님의 사람들이 기도하도록 만드는 데 매우 소중하다는 사실을 증명해 준다. 우리를 향한 주님의 부르심은 개인이나 다수가 의미 있는 기도를 하도록 한다. 복음화되지 않은 세상을 향한 실제성과 지속성, 그리고 지적인 그룹의 기도 결여는_{심지어 많은 성경중심적인 교회들까지}^도 주님을 사랑하고 그리스도의 복음이 모든 민족에게 전파되기를 바라는 모든 이들에게 커다란 염려와 부담이 되어야 한다.

많은 그리스도인들이 선교를 위해 효과적인 기도를 하고 싶어 하지만 기도를 어떻게 시작해야 할지 잘 알지 못한다. 어떤 이들은 그들의 교회 기도 모임에 흥미를 느끼지 못할 뿐 아니라, 매우 지루해하고 심지어는 죽은 모임이라고까지 느낀다. 때로는 굉장히 열정적이고, 새로우며, 기도와 찬양에 관심을 갖는 그러한 그룹들 가운데도 특별히 세계선교를 위한 중보기도가 강조되지 않는 것을 볼 때가 있다. 마태복음 9장 36-38절 말씀을 보면 우리에게 아주 분명하게 세계복음화의 과업을 이루는 중요한 기도의 역할에 대해 보여 주고 있다. "무리를 보시고 불쌍히 여기시니 이는 그들이 목자 없는 양과 같이 고생하며 기진함이라 이에 제자들에게 이르시되 추수할 것이 많되 일꾼이 적으니, 그러므로 추수하는 주인에게 청하여 추수할 일꾼을 보내 주소서 하라 하시니라."^{마 9:36-38}

기초를 놓다

무엇을 할 수 있을까? 어떤 사실을 말하는 것그것들을 믿는다 할지라도만으로는 충분하지 않다. 반드시 행동이 따라야 한다. 목회자와 교회 리더들은 반드시 움직여야만 한다. 모든 교회 성도는 함께 협력해야만 한다. 이곳에 몇 가지 기본적인 제안을 하려고 한다. 이것들은 수년 동안 내가 관찰한 바로는 매우 효과적이다.

1. 기도 모임이 교회의 중요한 모임이 되도록 하기 위한 기도와 회의를 위해 목회자와 교회 리더들이 만나는 일은 매우 중요하다.

2. 사랑이 충만하고 확신 있는 성경적 기도의 기초에 대한 설교와 가르침이 반드시 있어야 한다.

3. 『세계기도정보』와 같은 기도정보지와 더불어 기도에 관한 좋은 책들을 회중에게 폭넓게 배포해야 한다.

4. 교회 지도자들은 아주 진지하게 기도회를 계획하고 준비하는 일에 섬겨야 한다.

5. 교회 리더들이 이렇게 할 때 선교 사역이 매우 실제적이고 모든 교인들에게 인격적이 될 수 있다.

  a. 선교사들과 편지를 주고받을 수 있도록 개개인을 격려

하라.

b. 시시때때로 교인들이 선교사 가정을 '입양'하도록 해 선교사 가족의 필요에 대해 기도 모임 중에 나누도록 격려하고 권면하라.

c. 고국을 방문한 선교사들을 교인들의 집에 묵을 수 있도록 주선하라.

d. 가능하면 자주 선교사들을 기도 모임에 초청해 나눌 수 있도록 하고, 그 후에 교제의 시간을 가질 수 있도록 준비하라.

e. 교인들이 선교지나 선교 본부를 가능할 때마다 방문할 수 있도록 격려하라.

특별한 제안

지금은 기도회 자체만을 위해 말하는 시간이다. 어떻게 하면 가장 지루하고 인기 없는 주중 행사가 되어 버린 기도 모임을 판에 박힌 틀에서 구해낼 수 있을까? 우리 사역에서 30년 동안 사용했던 몇 가지 제안을 하고자 한다.

1. 다양한 방법으로 하라. 이것은 굉장히 중요하다. 우리가 익숙해질수록 기도회는 일상적이 되어 버리고, 생동감을 잃어버리게 된다. 때로는 예배와 기도, 감사 그리고 다른 시간에는 짧게나마 기도를 위한 도전 혹은 각 개인이 받은 기도 응답을 나누거나 동영상을 활용하는 등 매우 다양하게 시작할 수 있다.

2. 너무 길게 하지 마라. 기도는 우리의 생각이 포함된 것이다. 너무 긴 기도 시간은 개인의 참여가 없을 때 마음을 멀리 떠나 버리게 한다. 그러므로 좀 더 짧은 부분으로 나누는 것이 매우 좋다. 여기에 실제적으로 하는 방법이 있다_{이것은 지난 장에서 언급했다}.

   a. 합력해서 기도한 후에 작은 그룹으로 나누라. 그리하여 각 개인이 참여할 수 있는 기회를 주도록 하라. 예를 들어 각 그룹이 어떤 한 나라에 대한 정보를 받게 되면 그들의 기도를 그 지역에 집중하도록 요청하라.

   b. 슬라이드나 동영상 자료를 잘 활용하라. 많은 선교단체가 기도를 독려할 수 있는 효과적인 영상물을 많이 제작했다.

c. 기도 제목을 내어 놓을 때 짧게 하라. 길고 너무 자세한 기도 제목들은 모임의 영적 흐름을 방해할 뿐 아니라, 기도할 시간을 단축시킨다. 기도 제목을 미리 적어서 사람들이 도착할 때 나누어 주도록 하거나 아니면 빔 프로젝트나 파워포인트 등을 이용해서 각국의 다양한 지도를 활용할 수 있다.

d. 설교를 아주 짧게, 그러나 강력하게 하라.

e. 입지전적인 선교사들의 전기나 기도에 관한 책 등에서 인용한 글들을 읽도록 하라.

f. 개인에게 위임해서 어떤 특정한 나라에 대한 정보들을 최신의 것으로 바꾸도록 하라. 이것들은 통계지역의 인구, 종교-이 모든 것은 『세계기도정보』에서 쉽게 얻을 수 있다, 선교사의 사역을 통해 이루어진 것들 그리고 그 지역에 관한 최근의 뉴스도 포함될 수 있다.

g. 선교지에서 온 선교사의 짧은 동영상 메시지를 보여 주라.

h. 동영상을 사용할 때, 전체를 한꺼번에 다 보여 주지 말고 중간에 멈추어서 기도 시간을 갖도록 하라.

I. 음악 사역을 빠뜨리지 마라. 좋은 음악은 예배의 좋은 도구이자 전체 모임을 안정화하는 데 도움이 될 것이다. 긴 기도 시간 중에 중보하는 시간을 멈추고 '재충전'의 시간을 갖는 것은 매우 중요하다. 메시지나 찬양, 예배 그리고 감사를 통해 할 수 있다.

빈도수와 장소

얼마나 자주, 그리고 어디에서 기도 모임을 해야 하는가? 매주 교회에서 하는 기도 모임과 함께, 나는 규칙적으로 가정에서 기도 모임을 갖도록 격려하고 싶다. 이것은 우리에게 가정을 통한 사역 기회의 문을 열어 줄 뿐 아니라, 선교를 위한 기도가 교제와 기본적 영적 성장에서 분리되는 것을 막아 줄 수 있다. 전 세계적으로, 하나님은 가정 모임을 통해 역사하신다. 이러한 개념을 어떤 형태로든 사용할 수 있도록 하라. 그러나 반면에 많은 가정 모임이 세계선교를 위한 기도에 진정 관심이 없다는 것은 얼마나 슬픈 일인가.

나는 또한 자발적인 새벽기도 모임, 점심기도 모임 그리고 기도를 위한 날을 따로 떼어 놓아야 한다고 생각한다. 50

년 동안 사역을 하면서, 우리는 정기적으로 저녁기도 모임을 길게 가져 왔다. 때로는 자정까지 이어지기도 했다. 나는 전 세계 가운데 우리 선교선 사역팀과 육지 사역팀들이 경험한 승리의 기쁨이 이 기도회에서 비롯되었다고 믿는다. 이 철야기도 모임 중에 우리는 언제든 본인들이 원하면 나갈 수 있는 자유를 주었다. 우리가 알아야 할 것은 그들이 아직 영적 마라톤에 있지 않다는 사실이다. 그러나 그들이 세계의 많은 필요에 대해 들었을 때, 그러한 필요들을 하나님께서 응답하시도록 더욱더 기도해야겠다는 책임을 갖게 되었다.

우리가 영적 전쟁 가운데 있다는 사실을 기억하라. 기도는 믿음과 더불어 우리가 갖고 있는 영적 무기라는 사실을 알아야 한다. 그리고 그것이 쉬울 것이라고 기대하지 말아야 한다. 사단은 효과적인 기도에 대해 가장 강력한 공격을 할 것이다. 그러므로 우리는 어떤 형태로든 낙담하지 않도록 주의하고 어떤 대가를 지불하더라도 앞으로 지속해서 나가야 할 것이다. 전 세계 사람들 중 20퍼센트가 아직 복음을 듣지 못했거나 복음을 읽지 못했다. 하나님의 주권 아래에서 하는 우리의 기도는 하나님의 자비로 그들이 하든지 하지 않든지 그들이 결심하는 하나의 주요한 요인이 될 것이다. 하나님께서 우리에게 주신 이 사명을 잘 감당할 수 있도록 새로운 아이디어와 창의적인 주도권을 주시도록 기도하자. 그리고 우리 스스로 훈련하고 우리가 맡은 역할을 잘 감당하도록 하자.

Drops
from
a
leaking
tap

교단과 교단주의

지난 50여 년 동안 전 세계에서 사역하면서 많은 사람들이 내가 지금 이 글을 통해 나누려고 했던 부분에 대해 반복해서 물어오거나 편지를 보내 왔다. 우리가 지금까지 알고 있었던 것보다 이 부분과 관련해 많은 사람들이 상처와 분열과 실망을 경험했다. 지금 내가 나누는 것들에 대해 반드시 시간을 내서 읽고 다른 사람들과 공유하기를 바란다.

오엠 사역 가운데, 우리는 많은 장애물과 복잡한 문제에 직면했다. 그중 가장 힘들었던 것이 바로 교단주의였다. 이것은 일반적으로 기만과 교만이 함께 연결되어 있다.

나는 교단을 지지하는 사람이다모든 교단을 의미하는 것은 아니다.

그렇지만 나는 교단주의에 반대한다. 왜냐하면 자신의 그룹만이 오직 유일하게 진정한 교회 그룹이라고 생각하거나 혹은 최소한 다른 어떤 그룹보다는 우월하다고 믿게 만드는 태도의 문제 때문이다. 이런 사람들 중에는 겸손과 실제성이 결여되어 있음을 본다. 전 세계에는 27,000여 개의 교단이 존재한다. 어떤 교단은 공개적으로 다른 교단이 잘못되었다고 가르치며, 오직 그들이 믿고 가르치는 것만이 진리이고 참된 길이라고 말한다. 물론 이것은 이단이 되거나 기만적인 것이 된다. 그런 교단에 속해 있는 신자들을 우리는 사랑과 인내로 대해야 한다. 왜냐하면 그것이 유일하게 그들이 알고 있는 전부이기 때문이다.

더 슬픈 사실은 많은 교단이 하나님께서 그들의 지역 교회나 그룹 밖에서 많은 일을 행하고 계신다는 사실을 인정하지 않는다는 것이다. 어떤 강한 교회들은 그들이 교단이라고 불리기를 원치 않기도 하는데, 그것은 다른 교단을 향한 정죄를 보여 주는 것이기도 하다. 어떤 한 교단은 그들의 교단 잡지에 소위 우리가 말하는 선교 단체들에 대해 공격하면서 잘못된 진술이 담겨 있는 두 개의 논문을 실었다. 이것은 참으로 슬픈 일이 아닐 수 없다. 왜냐하면 좋고 훌륭한 교회들이 얼마든지 많기 때문이다. 나는 이 논문새로운 것은 아니지만을 읽을 때 매우 마음이 아팠고 상처가 되었다. 이것은 내가 지난 50년의 세월 동안 전 세계에서 발견한 것이다. 그들은 이 모든 그룹을 이류적인 그룹 또는 더 심하게 과소평가했다.

1. 선교 단체

2. 대부분의 기독교 라디오 텔레비전 프로그램

3. 대부분의 기독교 캠프나 청소년 사역

4. 기독교 영화 사역이나 인터넷을 통한 교육이나 전도

5. 대부분의 기독교 문서 사역이나 성서공회 사역

6. 대부분의 기독교 서점

7. 대부분의 기독교 수련회/모임케직 사경회와 같은

8. 대부분의 기독교 구호단체

9. 모든 국제적인 연합기구_WEA, 또는 Lausanne세계복음화협의회, 로잔대회

10. 모든 항공선교회나 단체

11. 모든 선박 사역을 하는 단체

12. 루이스 팔라우나 빌리 그래함 같은 복음 전도 단체

13. 학교전도운동이나 선교단체대학생선교회, 네비게이토

14. 기독교 예술과 음악 사역

15. 대부분의 성경학교, 신학교 그리고 다른 기독교 연구원

16. 대부분의 알코올, 마약 중독자들을 위한 재활 사역을
    하는 단체

17. 많은 전도를 위한 노력을 기울이는 알파 코스 등

지난 2000년 동안 행하셨고 지금도 일하고 계시는 하나님을 거부하면서 그런 입장을 유지하고 있다는 것이 믿기지 않는다. 나는 지역 교회 지도자가 젊은이들이 여름 기간 동안 선교에 동참하라는 하나님의 부르심을 받았다고 했을 때 이 일은 하나님의 부르심이 될 수 없다고 한 말을 들은 적이 있다. 지도자의 그런 언행이 젊은이들에게 얼마나 커다란 실망과 혼돈을 가져올 수 있는지 상상해 본 적이 있는가? 믿는 사람으로서, 우리는 소수이고 좁은 길을 가는 사람들이다. 왜 어떤 이들은 더 좁은 길을 만드는 것을 즐거워

하는가?

　다행히도 많은 교회와 교단이 소위 우리가 부르는 기독교 성경적인 선교 단체의 사역을 성부 하나님, 성자 하나님, 성령 하나님께서 오늘날 행하시는 중요한 일 중의 하나라 믿는다는 것이다. 우리에게는 오직 하나만의 교회가 존재하는데, 거듭난 진정한 모든 신자들은 그 교회에 속해 있다.

　우리들이 지역 교회들과 교단을 높이고 존중하지 않는 일에 대해 회개할 때 장벽은 무너질 것이다. 나는 500여 개의 선교단체와 교단들이 모인 자리에서 공개적으로 회개했다. 우리에게 가장 중요한 것 중 하나는 많은 선교단체가 수천의 지역 교회를 개척하고 교단을 만드는 책임을 감당하고 있다는 사실이다. 나이지리아의 SIM은 아주 활발히 교단을 탄생시키는 일을 했다. 우리는 이 밖에도 더 많은 예들을 찾아볼 수 있다.

　나는 소위 선교단체들을 보는 관점을 바꾼 그룹들로부터 그들의 잘못된 태도에 대해 사과하는 아름다운 편지들을 받았다. 동원가로서, 우리가 함께 이러한 장벽들을 무너뜨리고 더 많은 일꾼이 추수의 땅으로 갈 수 있도록 기도하자.

예수 그리스도를 알고 천국에 속한 모든 이들이 우리가 서로 필요하다는 사실을 깨닫도록 하자.

나는 이 글을 우리가 좀 더 겸손해지고 실제적이며 모든 사람에게 복음으로 다가가는 큰 목적으로 연합되는 것을 소망하며 여러분에게 바친다.

현실을 직시하라

세계복음화의 과제를 생각할 때, 모든 면에서 우리는 더 많은 일꾼이 필요하다는 사실에 직면한다. 그렇지만 필요가 더 많은 기회를 주는 것은 아니다. 실제로 세계 곳곳의 공동체가 하나님의 놀라운 복음전파 기회의 축복을 받았음에도 이를 실천하지 못하고 있다. 하지만 우리는 절대 이 문제와 타협해서는 안 된다. 이곳에 지난 내가 보고 읽으면서 내 마음을 움직였던 몇 가지 생각을 적어 보려 한다. 누가복음 14장 28절에서는 우리가 매우 현실적이 되어야 하며, 그 대가를 지불해야 함을 말씀하고 있다.

우리가 직면하고 있는 복잡한 장애물에 대해 현실적일

필요가 있다. 실제 상황에 잘못된 인상을 줄 수 있는 이야기를 하고 싶은 유혹이 있지만 그것과 싸워야 한다. 교회에 대한 정직하고 실제적인 관점을 가져야 한다. 지역 교회 안에는 선교에 대한 광범위하고 다양한 견해가 있다. 따라서 우리가 모두 선교에 대한 동일한 마음이 있다고 간주해서는 안 된다.

지난 수 세기 동안 많은 선교사들을 보냈던 교회들이 어떤 부분에서는 현재 그들의 헌신을 유지하지 못하고 있다. 어떤 경우에는 교회 회중이 줄어들었고, 어떤 경우에는 내부 문제로 시간과 돈을 허비하고 있기도 하다. 우리는 교회가 변하고 있다는 사실을 깨달아야 한다.

어떤 유명한 교회들은 그들이 더 이상 장기 선교사들을 파송하지 않겠다고 말했다. 그들의 예산 가운데 선교에 관련된 것은 아무 것도 없다. 그들은 자신들이 경비를 내고 떠나는 단기 선교를 장려하거나 기도한 후에 어떤 프로젝트를 위해 헌금하게 하거나 아니면 국내 사역자를 후원하도록 격려한다. 안타깝게도 때로는 자신들의 그러한 입장을 변호하기 위해 장기 선교사들에게 얼마나 많은 비용이 드는지 또한 그것이 얼마나 비효과적인지에 대해 말하기도 한다. 아니면 그들 교회의 강단에 어떤 선교사도 서지 못하게 하고, 특히 사람들이 많이 오는 주일 아침 대예배에는 절대로 설교하지 못하게 한다.

지역 교회를 강조하면서 서구의 전문성과 유급 사역자의 개념이 결합되어, 대형 교회는 수많은 전임 유급 사역자를 두는데 이러한 유급 사역자들에 대한 재정 지출이 결국에는 아주 적은 재정만 선교사들에게 가도록 한다.

나는 담임목사들이 받는 사례비에 대해 놀랐다. 이는 담임목사의 삶을 부유하게 하겠지만 회중에게는 큰 재정적 부담을 줄 것이다. 미국이 이러한 철학의 중심지로, 지난 50년 동안 전 세계로 퍼져 나갔다. 개인적인 견해로는 이것이 세계복음화의 큰 장애물이다.

이는 세계복음화를 위해 어떤 것도 포기하지 않고 희생하지 않으려는 것처럼 보이거나 아니면 아주 작은 희생만이 있는 것처럼 느끼게 한다. 은혜와 자유에 대한 강조가 결국에는 은혜를 파괴하고 훈련과 순종의 결핍으로 이끌었다. 나 자신을 포함해 우리 모두는 균형을 유지하는 데 실패한 것이다.

나는 성경학교와 신학교의 교수들이 대부분 더 이상 미전도 종족들을 실제적으로 잃어 버렸다는 사실을 믿고 있지 않다고 생각한다. 우리의 선교 열정을 빼앗는 모든 종류의 보편구원설 또는 만인구원설이 점점 증가하고 있다. 실제적으로 오늘날 설교나 가르침 가운데 우리는 지옥에 대해 거의 듣지 못한다. 이것이야말로 새로운 선교사들을 동원하는 데 있어서의 거대한 장애요인이다. 재건신학과 같은 시도와 기복주의의 가르침으로 새로운 영적 칵테일을 만드는 시도들이 있어 왔다. 이것은 매우 위험한 일이다. 심지어는 좀 더 균형 잡힌 통전적인 메시지들이 우리가 복음 전하는 일에 소홀하도록 만들고 있다. 많은 사람들이 실제적으로 사람들의 육체적인 필요를 돕는 일이 아니고서는 좀처럼 재정적인 지원을 하고 싶어 하지 않는다. 선교사들이 재정적인 어려움으로 돌아와야 하는 상황에서 엄청난 돈이 구제와 개발 사역에 보내지고 있다나는 지금 수천억의 돈을 말하고 있는 것이다. 나는 전인 사역을 강하게 믿는다. 그러나 우리에게는 균형이 필요하다.

또 하나의 문제는 많은 선교 사역이 이미 교회가 존재하고 있는 지역에서 이루어지고 있다는 점이다. 이 지역들은 여전히 더 많은 사역자들을 요청하고 있다. 오직 소수의 선교사들만이 미전도 지역에서 일하고 있거나 교회가 거의 존재하지 않는 곳에서 사역하고 있다. 어떻게 이것을 변화시킬 수 있을까? 지난 20년 동안 우리에게 '미전도 종족'에 대한 거대한 도전들이 있어 왔다. 지금까지 이루어진 일에 대해 하나님께 감사한다. 그러나 아직도 전 세계 인구의 25퍼센트가 복음을 듣지 못하거나 읽지 못한 사람들인데 이들을 어떻게 해야 할 것인가? 아직도 가야 할 길이 멀다.

그것이 '사도행전 13장의 장벽을 넘어서는 비전'이든 아니면, 그와 비슷한, 아니, 전혀 다른 것이라 할지라도 우리는 하나님의 교회가 미전도 종족에 대해 좀 더 진취적인 위치를 취하고 나아가기를 간절히 기도할 뿐이다.

우리는 훈련받고 기름부음 받은 일꾼들이 보내지기를 갈망한다. 우리는 전 세계에 있는 교회와 선교 단체들과 연결되어 있다. 우리 모두에게는 한 가지 공통점이 있는데 그것은 우리 모두에게 일꾼이 필요하다는 것이다. 많은 이들이,

그들의 과업을 성취하는 일을 돕기 위한 단기 선교사라도 와 주기를 기도하고 있다. 더 큰 소망은 잘 훈련되고 성숙한 사람들이 장기 선교사로 헌신하는 것이다.

우리는 10/40창 지역에서 일하는 이들과 함께 연결되어 있는데, 너무나 분명한 사실은 그곳에도 전문인, 자비량 선교사로 나가는 사람들을 포함해서 수천 명의 일꾼들이 필요하다는 것이다. 많은 이들이 지금 현재, 더 많은 이들이 그곳에 오기를 기대하고 있다. 나는 가끔 이러한 질문을 던지곤 한다, "왜 더 많은 일꾼들이 그곳에 없는 것일까? 특별히 미전도 종족들 가운데 말이다."

전 세계 사람들과 더불어 일하려고 할 때, 우리는 왜 장기 선교사들과 같은 일꾼들이 그곳에 없는지 다양한 이유를 발견했다. 나의 책, *Out of the Comfort Zone*안전지대를 떠나라에서 좀 더 상세히 이 주제에 대해 다루었다. 그러나 이곳에서 간략하게 몇 가지 방해 요인을 서술해 보려 한다. 내가 믿기는 이것이 우리가 누가복음 14장 25-33절에서 "값을 계산하라"고 하신 말씀을 좀 더 이해하는 데 도움이 될 것이다. 또한 우리가 행동하게 하고 좀 더 이성적으로 지혜롭게 기도하게 할 것이다.

비전의 결핍

처음에는 단지 몇 사람들만이 놀라운 기회뿐 아니라 필요에 대한 비전을 갖고 있는 것처럼 보인다. 다른 사람들은 그들의 교회로부터 선교사를 보내려는 어떤 비전도 갖고 있지 않다.

기도의 결핍

마태복음 9장 35-38절은 우리에게 아주 분명하게 기도 명령에 대해 말하고 있다. 기도에 대한 통계와 이야기, 그리고 놀라운 기도 운동과 기도 모임에도 불구하고 우리가 인정해야 할 것은 교회는 평균적으로 기도하지 않는다는 점이다. 그들이 기도 모임에 대해 자랑은 할 수 있지만 실제적으로 보면 아주 소수의 사람들만이 기도 모임에 참석한다. 또한 선교사들과 미전도 종족을 위한 기도도 매우 부족하다. 오직 소수의 지도자들, 신자들 그리고 심지어는 선교사들 가운데도 소수만이 기도와 사역에 훈련이 되어 있다. 모든 예외적인 상황에 대해 하나님께 찬양을 돌린다. 그리고 당신이 그 예외적 사람들 중에 한 사람이기를 소망한다. 그러나 내가 말하는 것은 평균적인 상황이다. 소위 기도 운동들이 괴상하고 극단적인 생각들에 의해 이루어졌고, 그로 인해 많은 사람들에게 분열과 실망을 안겨 줬다. 비실제적인 기대들이 극단주의자들에 의해 생기게 되었고, 혼돈과 실망을 우리에게 주었다. 이렇게 혼란한 상황 가운데도 여전히 일하시는 하나님의 긍휼을 찬양한다.

하나님의 사람에게 있는 냉담주의

냉담주의야말로 우리가 하나님의 나라를 위해 헌신하는데 가장 큰 걸림돌이 된다는 사실을 많은 사람들이 동의하리라 생각한다. 이것이 부흥 운동을 위한 기도가 많은 곳에서 강조되는 이유이다. 가끔 사람들은 왜 내가 때때로 극단적인 사람들 혹은 교회와 연합하는지에 대해 의아해할 때가 있다. 나는 그리스도의 몸 안에서 교제하기를 노력하기 때문이다. 한번은 누군가가 말했다_{내 생각에는 브라더 앤드류였던 것 같}다. "열광적인 사람들을 진정시키는 것이 송장을 뜨겁게 만드는 것보다 훨씬 쉽다." 어떤 사람은 이 문제에 대해 균형 잡힌 시각으로 말하기를 "네 맞습니다. 하지만 적어도 송장은 갑자기 일어나 등 뒤에서 찌르거나 배신하지는 않습니다."라고 한다. 나는 사람들이나 교회가 살아 있고 살아나고 있다는 소식을 들을 때 흥분된다. 내가 유일하게 기도하고 소망하는 것은 훈련된 사람들이 하나님을 위한 진정한 마라토너로 살아가는 것이다. 내가 여전히 확신하는 것은 진전이 없는 위기는 종양이 된다는 것이다.

성경적 관용의 결핍

모든 사람들이 알다시피 재정의 부족은 하나님의 사역을 진전시키지 못하게 만들고, 사역지로 나아가는 선교사들을 파송하는 데 어려움을 준다. 지역 교회가 새로운 건물을 지을 때 재정의 부족은 강력한 핑곗거리가 될 수 있다. 내가 알기로 많은 아량 있는 사람들이 이 책을 읽을 것이다. 나는 그분들로 인해 하나님께 감사를 드린다. 내가 아는 어떤 사람들은 정말로 나처럼 가장 기본적인 필요 이외의 나머지 모든 것들을 세계복음화를 위해 쏟아 붓는다. 어찌됐든, 많은 사람이 믿는 것은 오엠의 이러한 '극단적'인 선택이 없었다면 아마도 1-2년 안에 문을 닫았을 것이라는 점이다. 그때는 정말 아주 적은 돈이 들어올 때였기 때문이다.

사람들은 알고 있을까? 통계에 따르면 재정 중 아주 작은 퍼센트만이 선교를 위해 교회 밖과 해외에서 사용되고 있다. 물론 어느 곳에 엄청난 재난이 발생했을 때는 아주 예외적으로 그 돈이 구호와 개발을 위해 쓰인다. 어떤 사람들은 선교 사역자에게 돈을 보내는 것보다 구호 사역을 위해 돈을 보내는 것이 훨씬 낫다고 생각한다. 하지만 그것은 어리석은 생각이다. 왜냐하면 모든 것이 양면적으로 균형을 잡아야 하기 때문이다. 이러한 상황 가운데서 은혜에 깨어 있는 상태에 머물도록 하자. 그리고 하나님은 여러 다양한 사람과 방법으로 일하신다는 사실을 인식하자. 그리고 율법주의적인 판단을 주의하도록 하자.

율법주의

하나님은 당신의 말씀을 사용하신다. 사람들을 율법주의로부터 자유롭게 하기 위한 많은 책들이 있다. 하지만 세계 곳곳에서 이것은 아직 요원한 것 같다. 율법주의는 단지 한 지역 교회에서뿐 아니라, 모든 전체 교단을 다스리고 있다. 많은 이가 이러한 은혜의 운동이 일어나는 것을 두려워한다. 하나님의 사람들을 율법으로 붙들어 놓는 것이 쉬운 것처럼 보인다우리 모두에게 충성과 연합이 필요한 것은 사실이다. 그리고 여기에 '차별성'을 더해 놓는데, 이것은 종종 은혜, 사랑, 실제성 그리고 성령의 자유 대신 단지 사람이 만들어 놓은 규칙과 규정이다. 우리가 얻은 교훈은 훈련이 없는 은혜는 종종 우리를 불명예로 이끈다는 사실이다. 은혜는 기본적인 성경의 명령을 버리지 않는다. 오히려 그것들을 균형과 올바른 우선순위 가운데로 이끌어 간다.

부정적인 보고

현대 선교 운동이 확산될수록 그곳에는 항상 많은 부정적인 소식이 있다. 우리가 알고 있는 사실은 부정적인 소식이 긍정적인 소식보다 훨씬 급속히 퍼진다는 것이다. 지금은 인터넷이 발달되어 그 속도가 더 빨라졌다. 구태의연한 비방과 잘못된 정보들은 여전히 인터넷보다 훨씬 해악적인 요소이다. 나 또한 이 영역에서 실패했다. 최근에 나는 성령의 통제를 받고 말하기를 노력하고 있다. 어떤 교회들은 선교사를 사역지에 보내고 난 후 얼마 안 되서 더 이상 선교사를 보내지 않는다. 선교사들이 돌아와 부정적인 보고를 했거나, 자신의 삶 가운데 실패한 이야기를 했기 때문이다. 분명한 것은 분별과 은혜와 용서 없이는 앞으로 우리가 나아갈 어떤 길도 없다는 사실이다.

성경적인 타협

선교사와 리더들 중에 하나님의 말씀에서 떠나 표류하고 있는 사람이 있다는 사실을 책을 통해 알게 된다. 보편구원주의는 자유주의 신학자들이 주장해 왔는데, 그들은 어떤 경우에도 성경이 하나님의 말씀이라는 사실을 믿지 않는다. 현재는 아주 다양한 형태로 복음주의적이고 성경적인 공동체를 공격하고 있는 것처럼 보인다. 일반적으로 성경에 대한 무지가 점점 커지고 있는데 그것은 전혀 우리에게 도움이 되지 않는다. 책을 사랑하고 또 책을 출판하는 사람으로서 이렇게 말하는 것이 쉬운 일은 아니지만, 반드시 짚고 넘어가야 할 것은, 소위 기독교 서적이라는 책들이 세계 복음화와 하나님의 사역에 아주 커다란 해악과 피해를 주었다는 점이다. 많은 사람들이 극단적인 근본주의 표방에 과민반응을 보이는 것 같다. 물론 공감할 수는 있지만 우리는 과민반응하는 것에 대해 조심해야 한다. 우리가 인간이기에 연약한 존재라는 사실을 인정해야만 한다. 이러한 모든 부분에 대해 완전히 객관적인 입장을 갖는 것은 쉬운 일이 아니기 때문이다. 이러한 이유에서 우리가 아는 확실한 것은, 앞으로 미래에 우리에게 다가올 진정한 연합은 바로 다양성 속에서의 일치라는 점이다.

이를 위해 우리가 무릎 꿇고 기도하기를 소망한다. 내가 말한 부분 중에 여러분이 싫어하거나 동의하지 않는 부분에 대해서는 걱정하지 않기를 바란다. 그러나 하나님 앞에서 그분이 당신에게 인격적으로 무엇을 말씀하려 하시는지 좀 더 적극적으로 질문하기를 권한다. 특히 우리가 기도하는 것은, 이 책을 읽는 많은 사람들이 하나님의 복음을 들고 세상에 나가려는 사람을 보내거나 아니면 나가는 사람, 혹은 양쪽 모두에 적극적이 되기를 바라는 것이다. 우리는 당

신이 우리와 함께 전 세계적인 선교 동원의 귀한 네트워크
에 연결되기를 소망한다.

우리 모두는 이 동원 사역에서 인내가 필요하다. 우리 앞
에 놓여 있는 것들은 결코 쉽게 이루어지지 않을 것이다. 우
리는 단지 복음을 위해 전방으로 나간 사람들과 주님 앞에
나아오는 그 한 사람으로 즐거워하는 것이다. 그리고 개척
되는 새로운 교회로 인해 기뻐하는 것이다.

지금이야말로 추수의 시간이다. 더 많은 교회와 선교지
의 사역자 그리고 가정들이 그 어느 때보다도 더욱더 선교
에 동참하고 있다. 물론 사단은 모든 수준과 영역에서 사악
한 방법으로 공격하고 있다. 자, 그 어느 때보다도 더, 믿음
의 방패를 들고 성령의 능력 안에서 사단을 대적하는 일에
앞서도록 하자.

영적 성장을 위한 하나님의 방법

나는 두 인용구로 이 글을 시작하려고 한다. 첫 번째는 C.S. 루이스의 『스크루테이프의 편지(*The screwtape letters*)』[2005, 홍성사]에서 발췌한 것이다.

"우리는 행동하는 대신 생각하는 경향이 있습니다. 우리가 행동하지 않고 더 많이 느끼게 될 때 우리는 더 행동하지 않게 될 것이고, 종국에 우리는 더 느끼지 못하게 될 것입니다."

이것은 정확하게 오늘날 주님의 교회에서 일어나는 현상이다. 오랫동안 우리는 우리가 말한 것을 행동으로 옮기지 않았다. 그래서 지금은 감각이 무뎌져 문제를 더 이상 느끼지 못한다. 그런 이유로 무엇인가를 진정으로 하기 원하는 사람들은 주로 젊은 층에 속한 사람들이다. 나이 든 그리스도인들은 오랫동안 느꼈지만 행동 없이, 혁명 없이 눈물만 흘렸기에 지금은 더 이상 행동할 수 없다. 지난 19년 동안 나는 하나님의 말씀을 30여 나라, 1,500개가 넘는 교회에서 증거했다. 그리고 이것이 C.S. 루이스가 정확하게 묘사한 것 그대로 전 세계적인 질병임을 보았다. 이것은 나를 두렵게 한다. 나의 책, *Hunger for reality*라는 책에서 내가 말하려고 했던 것이기도 하다. 이중적인 삶은 지금 이 수련회에서 우리가 생각해 보아야 할 것이다. 만일 당신이 선교를 향해 '어떤 느낌을' 갖는다면, 터키를 향해 '어떤 느낌'을 갖는다면, 아니면 방글라데시 혹은 봄베이를 향해 '어떤 느낌'을 갖는다면…. 하지만 당신은 무엇인가를 하기 원하지만 아무 것도 하지 않는다. 그러면 그다음 해에 당신이 선교사 수련회에 참석할 때, 당신은 조금 덜 느끼게 될 것이고 어느 날에는 거의 못 느끼기 때문에 수련회에 참석하지 않는 것에 대해서도 어떤 부담감도 갖지 못할 것이다. 그것이 바로 타락과 퇴보의 길로 들어서는 것이다.

두 번째 인용은 J.B. 필립스의 *Ring of Truth*진리의 반지에서이다.

"오늘날 죽음에 이르게 하는 가장 비극적인 재난은 바로 생각의 패턴에서 나옵니다. 우리는 하나님께서 우리 인간 속성 내면에 깊이 들어오기를 원하신다는 사실을 진지하게 믿지 않습니다. 그리고 아주 고독한 혁명의 시작이 그곳에 있다는 사실을 진지하게 받아들이지 않습니다. 이러한 불신앙은 계산도 할 수 없는 엄청난 손실입니다."

2000년 전에 아주 비슷한 내용을 야고보가 기록했다. 그의 첫 번째 서신에서 "너희는 말씀을 행하는 자가 되고 듣기만 하여 속이는 자가 되지 말라 누구든지 말씀을 듣고 행하지 아니하면 그는 거울로 자기의 생긴 얼굴을 보는 사람과 같아서 제 자신을 보고 가서 그 모습이 어떠했는지를 곧 잊어버리거니와 자유롭게 하는 온전한 율법을 들여다보고 있는 자는 듣고 잊어버리는 자가 아니요 실천하는 자니 이 사람은 그 행하는 일에 복을 받으리라."약 1:22-25고 했다.

얼마나 강력한 말씀인가! 하나님의 말씀이 우리를 도전하여 예수 그리스도를 위한 영적 혁명가가 되도록 한다. 그것은 하나님의 성령이 우리 내면에 역사하실 수 있도록 허용할 때 일어난다. 필립스가 말한 것처럼, "하나님께서 우리 내면에 들어오실 수 있도록 허용하라."

지금 내가 무엇을 말하고자 하는지를 이해하는 것은 매우 중요하다. 우리는 중생의 기적을 알고 있다. 하나님을 찬양하자. 당신은 거듭났는가? 확실한가? 당신은 삶의 변화에 대한 실제성과 마음의 변화에 대한 믿음에 관해 알고 있는가? 이것이 성경에서 말하는 믿음이다. 내가 갖고 있는 성경은 어떤 사람이 말씀을 듣고 손을 들며 "나는 예수님을 믿습니다."라고 말하지만, 그의 삶은 전혀 변화되지 않은 그런 믿음에 대해 결단코 말하고 있지 않다. 당신은 혁명적인 신앙을 갖고 있는가? 나는 당신이 그렇게 되기를 소망한다. 그러나 새로운 중생이 기적인 것처럼, 내가 확신하기는, 영적인 성장 또한 기적이라고 믿는다.

우리는 성장해야 한다

내가 첫 번째 사역했던 나라는 스페인이었다. 스페인은 안드라, 프라데시, 아쌈, 타밀나두와 같은 곳보다 훨씬 복음화가 되지 않은 곳이다. 나의 첫째 아들이 그곳에서 태어났다. 그가 어렸을 때 나는 그를 공중에 높이 던졌다가 받곤 했다. 몇 년 뒤에 그는 자신의 손으로 나를 잡을 수 있었다. 그것이 바로 성장의 기적이다. 내가 믿기로 우리는 영적 성장의 필요에 대해 자주 소홀히 여긴다. 우리는 중생에 관해 설교한다. 중생 후에 나타날 수 있는 모든 축복과 위기에 대해 언급한다. 많은 사람들이 그러한 주제에 사로잡혀 있다. 하지만 우리는 영적 성장의 교리에 대해서는 무관심하다.

베드로 사도는, "예수 그리스도의 은혜와 그를 아는 지식에서 자라 가라."벧후 3:18고 말했다. 영적 성장을 대체할 그 어떤 것도 우리에게는 존재하지 않는다. 중생은 바로 이러한 성장이 뒤따라야만 한다. 만일 그렇지 않다면 곧 종양이 생길 것이다. 우리가 변함없고 지속적인 영적 성장의 필요를 이해해야 한다. 그러한 이유 때문에 사람들이 성장하지 않고 땅 끝으로 나아가지 않는 것이다. 하나님이 여러분을 보내시기 전 그는 여러분을 세워 주시기 원한다. 오늘날 우리에게 가장 필요한 것은 바로 강렬한 영적 훈련이다.

훈련 프로그램

선교선 로고스에는 "집중 훈련 프로그램"이 있는데 이 훈련에는 14시간의 아주 고된 노동이 포함되어 있다. 모든 훈련생은 3,000페이지 분량의 기독 서적을 읽어야 하고, 100편 정도의 설교를 들어야 하며, 전도지를 나누어 주어야 한다. 또한 예수님에 관해 100명의 사람들과 이야기를 나누어야 하고, 순서에 맞게 엔진룸에서 가장 지저분한 일을 해야 하며, 여러 목표들을 성취해야만 한다. 우리는 이 프로그램이 효과가 있다는 사실을 증명했다. 물론 이것이 영적인 삶을 보증하는 것은 아니다. 왜냐하면 오직 예수님만이 우리에게 영적인 삶을 주시기 때문이다. 그러나 지금까지 전혀 영적인 훈련 없이 살았던 사람들에게는 정말 큰 도움이 되었다.

나는 정말로 정직하기를 원한다. 이것을 나의 영적인 아버지인 빌리 그래함 목사님으로부터 배웠다. 만일 당신이 훈련받을 준비가 되어 있지 않다면 당신이 하는 그리스도인으로서의 헌신은 잊어야 한다. 당신은 이 모임을 통해 축복받을 수 있고 성령충만해질 수 있다. 그러나 당신이 매일 훈련된 삶을 살지 못한다면, 당신은 어떤 것도 주님을 위해 할 수 없다. 전 세계로부터 온 젊은이들이 내게 와서 말하기를 지금까지 전혀 훈련받지 못한 삶을 살았다고 한다. 훈련된 삶이라는 것은 당신이 하고 싶은 어떤 것이 아니라 당신이 알고 있는 것을 행하는 것이다.

감정과 믿음

나에게는 '히말라야 감정'Himalayan feelings이 있다. 마치 리프트가 올라가고 내려가는 것처럼 말이다. 어떤 때에는 내가 예수님께 헌신됨을 느낀다. 혹시 당신도 그렇게 느껴 본 적이 있는가? 나는 기독교 음악을 좋아한다. 래리 노만Larry Norman과 다른 사람들이 아주 강력한 가사의 노래를 부르는 것을 들을 때, 나는 소리치고 싶다. "주님을 위한 세상을! 자, 거리로 나가서 영혼을 구하자!" 그런데 내 감정이 편치 않다. 여러분 중 혹시 그런 경험을 해 본 적이 있는가?

그다음 날 새벽 6시에 형제 한 명이 내 방 문을 두드린다. 만일 할 수 있다면 나는 그의 목을 조르고 싶다. 내게 잠이 얼마나 달콤한 것인지! 이 친구는 내 방 문을 6시에 두드리는 신경뿌리를 갖고 있는 듯하다. 그는 나에게 1마일을 함께 뛰자고 한다. 그는 정신이 나간 것이 틀림없다. 나는 아침에 완전히 우울증에 빠져 버릴 것 같다. 그러나 내가 발견한 것은 하나님이 감정을 이기는 승리를 주셨다는 점이다.

우리는 아침에 일어나야 한다. 1마일을 뛰든 안 뛰든 그것은 당신에게 달린 문제이다. 그러나 하나님의 말씀을 묵상해 보자. 그리고 무릎을 꿇어 보자. 당신이 나가 사람을 만나기 전에 주님과 함께 시간을 보내 보자. 당신이 좋아하는 감정을 느끼든 느끼지 않던 간에 그것은 문제가 아니다. 내가 발견한 것은 이것이 우리의 인생에서 매우 중요한 문제라는 점이다.

지금은 누군가가 문을 두드리는 것이 더 이상 충분하지 않다. 나는 이 형제와 합의를 한다. 그가 문을 두드리면 내가 나갈 때까지 그곳에 서 있는 것이다. 그렇지 않으면 그 호출은 아무런 의미가 없다. 나는 그를 무시하고 다시 잠자리에 든다. 그러나 그는 기다린다이 형제가 그 임무를 맡았을 때가 62세였는데, 20,30대보다 훨씬 더 에너지가 충만했다. 나는 그를 그곳에 세워 둘 수 없었다. 일어나야만 했다. 나는 문을 열고 그에게 말하고 싶었다. 눈을 마주치며 당신이 매일 아침에 나를 보기 원한다면, 차라리 기도 후원자를 모집하는 것이 나을 것이라고!

물론 나는 매일 아침 우울증에 빠져 있지는 않다. 일찍 자는 것이 아침에 일어나는 데 도움이 된다는 사실을 깨달았다. 그러나 내 감정은 매우 우울하다. 나는 성경을 읽고 싶지 않다. 나는 기도하고 싶지 않다. 19년 동안 해 왔고 모두 다 읽었는데도 말이다. 그런데도 다시 성경을 읽어야 한다고? 그러한 이유 때문에 나는 내 우울한 감정을 깰 방법이 필요하다. 나는 매일 아침마다 격렬하게 운동하고 1마일을 뛴다.어떤 날은 다른 운동을 하거나, 어떤 날은 내게 자유가 있다는 사실을 증명하기 위해 다시 잠을 잔다. 90퍼센트 정도의 시간을 통해 발견한 것은 내가 1마일을 뛰는 것을 마쳤을 때 우울한 감정이 사라졌다는 점이다.

당신은 다른 방법을 찾을 수 있다. 그러나 그것이 어떤 것이든 간에 당신은 감정으로 사는 삶을 극복하는 방법을 배워야 한다. 물론 감정이 문제가 되는 것은 아니다. 당신이 정말 놀라운 감정을 느낀다면, 그것은 훌륭한 일이다. 나는 종종 그럴 때가 있다. 그러나 당신은 감정을 신뢰할 수 없다. 당신은 감정을 통해 확신을 가질 수 없다. 그것은 하나님의 말씀 안에서만 가능하다. 주님은 "아무든지 나를 따라오려거든 자기를 부인하고 날마다 제 십자가를 지고 나를 따를 것이니라."눅 9:23고 말씀하신다. 그분은 이렇게 말씀하지 않았다. "누구든지 나를 따라 오려거든, 자기의 십자가를 지고 싶을 때…." 내가 믿기는 굉장히 많은 그리스도인이 큰 문제를 갖고 있는데 그들의 감정을 어떻게 다루어야 하는지 한 번도 배워 본 적이 없기 때문이다.

죄책감과 은혜

영적 성장을 방해하는 감정은 다양하지만 그중 죄책감만한 것은 없다. 오늘날 많은 교회는 매우 율법적인데 "이것을 하라, 저것을 하지 마라."는 식의 규칙과 법규가 존재한다. 그렇다고 지금 내가 기독교 안에서는 어떤 규칙도 필요 없다고 말하는 것은 아니다. 하지만 어떤 규칙을 지키는 것으로 영적 성장을 기대할 수는 없다. 당신은 "절대로 영화관을 가지 않겠다." 혹은 "이것과 저것을 하지 않을 것이다." 등과 같은 것을 결정함으로 영적 성장을 기대할 수 없다. 당신은 하나님과의 교제를 통해 그분의 말씀에 순종하고 하나님의 약속에 가까이 다가갈 때 자라날 수 있다.

당신은 실패를 통해서도 성장한다. 어떤 때는 죄가 당신의 발목을 잡을 때도 종종 있다. 물론 당신 자신의 실수일 것이다. 요한일서 1장 9절을 보면, "만일 우리가 우리 죄를 자백하면 그는 미쁘시고 의로우사 우리 죄를 사하시며 우리를 모든 불의에서 깨끗하게 하실 것이요."라는 말씀이 있다. 주님께 영광을 돌리자. 내가 이곳에 있을 수 있는 유일한 이유이기도 하다. 지난 19년 동안 성장하면서 나는 초기에 실수를 종종 하곤 했다. 사람들을 놀라게 하는 큰 죄가 아니라 아주 작은 죄들인데 하나님 앞에서는 커다란, 그리고 하늘나라에서는 수치스러운 것들이다. 바로 이것이 당신을 향한 나의 염려다. 당신이 죄책감의 문제를 해결하는 법을 배우지 못한다면, 당신은 결단코 성장하지 못하며 성숙할 수 없다.

죄책감에 대해 하나님께 찬양을 돌리자. 죄책감은 필요한 것이다. 그러나 이것은 당신을 즉각적인 회개와 십자가,

하나님의 전적인 사랑과 용서의 은혜로 이끌어야 한다. 그럴 때 죄책감에서 재빨리 벗어날 수 있다. 때때로 그리스도인 지도자들은 다른 사람에게 죄를 자백해야 한다. 그렇게 함으로써 우리의 관계는 올바르게 되고 우리의 사역은 효율적이 된다. 그러나 근본적으로는 하나님께 회개와 고백함으로 홀로 나올 때, 하나님은 우리를 깨끗하게 하신다. 오늘 당신은 깨끗해졌는가? 당신이 하나님과 올바른 관계 가운데 있지 못할 때 나는 선교에 관해 당신에게 말할 수 없다. 만일 당신 안에 자백하지 않은 죄로 인한 죄책감, 아니면 하나님의 은혜를 의심한다면 나는 당신에게 세계선교에 관해 말할 수 없다. 당신은 회개할 수 있다. 당신은 당신의 죄에 대해 자백했을 수 있고 당신의 이웃과 더불어 올바른 관계를 맺었을 수 있지만, 만일 당신이 하나님의 죄 용서함에 대해 의심한다면 당신은 사단에게 죄책감에 사로잡히도록 허용하는 것이다.

성에 대해

우리 삶의 영역에서 감추고 싶은 부분이 있다면 그것은

바로 성적인 부분이 아닐까 한다. 나에게 이런 말을 하는 사람들이 있다. "조지 형제, 지금 이곳은 뉴욕이 아니고 인도야. 우리는 교회 안에서 성에 관해서는 말하지 않아." 그러나 성경은 텍사스 사람이나 런던 사람에 의해 기록되지 않았다. 이것은 동양 사람이 기록했으며, 성경은 100차례도 넘게 성에 대해 말하고 있고 성적인 문제들을 보여 주고 있다. 우리가 할 수 있는 부분과 그렇지 않은 부분에 관해! 성경은 결혼 안에서의 성에 대한 아름다움을 말하고 있지만, 결혼 밖의 성적인 부분에서는 추하고 더럽다고 말한다. 내가 설교했던 다른 어떤 주제보다, 이 부분에 대해 많은 반응과 피드백을 받았다. 내가 믿기로는 이 영역에서 가장 최악의 죄의 결과가 종종 우리에게 깊은 상처로 남게 된다는 것이다. 어떤 경우에 우리는 하나님이 우리를 이 영역에서 치료하시도록 허용하지 않기도 한다.

당신이 삶에서 성적인 부분의 훈련이 이루어질 때까지, 심지어는 생각에서조차도, 그리고 여러분의 성생활이 성령님의 통제 아래 있을 때까지 그분은 당신을 그분이 원하는 모습으로 사용하실 수 없다. 이는 훈련과 성장 그리고 당신이 죄를 지었을 때 무엇을 해야 하는지를 깨닫는 것을 말한다. 그것은 바로 실제성과 혁명이다.

1957년 어바나 선교 대회에서 전한 빌리 그래함의 설교를 나는 결코 잊을 수가 없다. 그 설교를 듣고 큰 충격을 받았다. 나는 그 당시 젊은 그리스도인이었고 많은 문제와 씨름하고 있었다. 그는 "젊은이여그때 그는 6,000명의 젊은이에게 말하고 있었다, 만일 당신이 성적인 전쟁을 사랑한다면, 당신은 항상 질 것입니다."라고 말했다. 나는 십대와 젊은이들에게 훈련된 삶을 살고, 사단의 궤계를 대적하도록 결단하며, 어떤 모양으로 당신에게 다가오든지 젊음의 욕망을 피하라고 말하고 싶다. 그것은 당신이 보는 책, 당신이 보는 것을 의미한다. 나는 내 눈이 잘못된 잠재의식을 만들어 내 삶을 지배하는 어떤 것에서 떠나기를 원한다. 왜냐하면 사단의 최대 공격은 우리의 잠재의식의 영역이기 때문이다. 당신이 보거나, 읽은 모든 것은 당신의 잠재의식 가운데 기록된다.

인도의 여러 곳으로부터 로고스를 방문하는 젊은이들이 승리하는 것을 본다. 거기에는 어떤 지름길이 있는 것이 아니다. 하나님의 전적인 훈련 프로그램을 통해서이다. 켈라라에서 어떤 젊은이가 나에게 왔다. 그는 대학에서 기독교 사역에 동참하고 있었는데, 나에게 상담 신청을 했다. "조지 버워 선생님, 저에게는 문제가 있습니다. 바로 춤입니다." 라고 했다.

"춤이라고요? 춤? 나는 그것을 큰 문제라고 보지 않습니다. 저는 그리스도인이 최상으로 할 일은 아니라고 보고 당신이 극복할 수 있을 거라고 믿습니다." 우리는 계속 이야기를 나누었다. 그는 대화가 끝나갈 무렵 "저는 동성연애를 하고 있습니다. 성경은 이 부분에 대해 분명히 말하고 있다"라고 절망스러운 말투로 말하며 고개를 절레절레 흔들었다.

대학 교수가 이 젊은이를 유혹해서 동성연애로 끌어들였다는 사실을 금방 알 수 있었다. 그는 개종한 지 몇 개월밖에 되지 않았다. 그런데 지금 그는 자신의 실패를 나와 나누고 있는 것이다. 그는 자백했고 회개했다. 나는 그 젊은이와 계속 연락하고 있는데 그가 승리하는 것을 지켜보고 있다. 하나님은 사랑이시고 자비하시며 용서하시는 분이시므로 이 문제와 같은 심각한 문제의 영역에서도 승리할 수 있다.

나는 영적 성장의 기적이 당신의 삶에서 일어나기를 기도한다. 만일 당신이 그분께 모든 것을 맡긴다면, 하나님은 역사하실 것이고 당신은 성장할 수 있다. 당신은 훈련된 삶을 살 수 있으며 정말 효과적인 전도자가 될 수 있다. 당신은 터키, 인도, 봄베이 등과 같은 곳에서 선교사가 될 수 있다. 하나님은 당신을 사용하실 수 있지만 당신은 매일 자기를 부인하고 제 십자가를 지며 따르기를 작정해야 한다. 그것이 하나님의 길이며, 결코 쉬운 길은 아니지만 하나님의 방법이다.

사역자들이 떠나는 이유

1. 더 중요한 것은 하나님께서 그들을 선교 사역으로 이끄
   셨다는 것이다. 하나님은 종종 우리의 방향을 바꾸시며,
   우리 인성을 통해 합력하여 일하신다. 나는 여러분이 비
   브 토마스Viv Tomas의 책, *Second Choice*차선의 선택를 꼭 읽어보
   기를 권한다. 비록 어떤 이들은 죄나 실패 또는 어떤 다
   른 부정적인 일로 되돌아가지만 하나님은 여전히 실제적
   인 깨어짐과 회개가 있다면 그 모든 상황을 주관하실 것
   이다.

2. 형편없는 리더십은 사람들이 왜 '잘 적용하고 생존하

지 못하는지'에 대한 또 다른 이유가 된다. 우리의 주요한 사역 중의 하나는 경건한 삶의 형성과 훈련이다. 은사가 있는 리더십은 새로운 신자들을 돕는 것과 성경적인 리더십의 기초를 이해하는 것의 온전한 결합을 의미한다. 리더십에 대한 많은 남용과 혼란이 있다. 그래서 많은 신자들이 혼란스러워 하고 있다.

3. 동일하게 중요한 것은 실제적이지 못한 기대이다. 책을 출판하는 자로서 솔직하게 말하면 종종 이러한 비실제적인 기대를 만들어 내는 것이 바로 책이다. 글은 잘 포장되어 있지만 듣거나, 아니면 읽었던 것과 전혀 연결되지 않는 경우가 너무 많다. 경건하며 리더십의 은사가 있는 이들도 여전히 은혜로 구원받은 죄인이다. 지속적으로 죄를 지을 수 있고 실패할 수 있다. 우리는 용서할 준비가 돼 있어야 하고 회개와 깨어짐을 통해 함께 성장해야만 한다. 리더들은 다양한 사람들이 있는 그룹을 이끄는데, 그곳에는 언제나 다루기 힘든 사람들이 있다. 그 상황 중에 리더는 굉장히 어려운

결정들을 해야만 한다. 이러한 것은 때때로 수군거림으로 바뀌고, 얼마 지나지 않아 당신을 혼란스러운 상황 가운데 있게 할 것이다. 만일 하나님이 엉망으로 일을 만들어 내는 트러블 메이커 같은 사람들 중에서 일하신다는 사실을 믿지 않는다면, 아마도 나는 낙망 중에 빠져 있을 것이다는 절망에 대한 내 메시지를 보내 드리고 싶다.

4. 성적인 문제에 대한 실패는 왜 사람들이 선교지에서 떠나는지에 대한 또 다른 이유가 된다. 나는 몇 개의 '아주 끔찍한 이야기'를 말하고자 한다. 도색 잡지, 특별히 인터넷상에서의 도색 사진들은 최전방의 선교 사역에서 아주 심각한 문제를 일으키는 요인 중의 하나이다. 많은 사람들이 정직하게 그것을 열어놓고 말하려 하지 않는다. 정말 소수의 사람들만이 그렇게 한다. 사람들은 사역지에서 외로움에 직면하게 된다. 이것은 아주 쉽게 로맨스의 상황을 만들어 낸다물론 하나님에게서 온 것이 아니다. 그렇게 시작된 것은 항상 비극으로 끝난다. 나는 사람들에게 이 주제에 관련된 책을 읽을 것을 추

천한다. 로이스 모우데이[Lois Mowday]가 저술한 *The snare* 유혹 또는 함정과 빌 퍼킨스[Bill perkins]가 쓴 *When good Men are tempted*좋은 사람들이 유혹에 빠졌을 때를 꼭 읽어보기 바란다. 불행하게도 지도자는 종종 이 영역에 있어서 영적 전투의 목표물이 된다. 그러한 이유 때문에 결혼생활의 문제는 종종 사람들이 고국으로 돌아오게 하는 요인이 된다.

5. 성격, 전략 그리고 교리적인 갈등도 선교사에게 안식년을 주어야 하는 중요한 요인 중의 하나다. 실제적으로 사역 현장에서는 모든 문제를 다 해결할 수 있는 충분한 시간이 부족하기 때문에 종종 리더들이 과로하게 되고 '탈진'하게 된다. 얼마나 많은 '은혜 약탈자'들이 선교지로 가게 되는지! 모든 이들은 반드시 찰스 스윈돌의 *The Grace Awakening*은혜에의 각성을 읽어야 한다.

6. 언어에서의 실패, 문화 배우기 그리고 적응력은 매우 중요한 요소들이다. 나는 다시 한 번 지난 46년간의 사

역을 통해 하나님께서 모든 종류의 사람들을 선교지에서 사용하신다는 사실을 보았다. 그러므로 우리는 성급하게 판단을 해서는 안 된다. 하나님이 일하시는지 안 하시는지에 대한 판단은 뒤로 미뤄야 한다. 만일 사람들이 배우려는 마음이 있고, 변화되려는 마음이 있으며, 그 가운데 계속 성장한다면 그곳에는 항상 소망이 있다. 겸손과 진정한 섬김이 종종 언어와 다른 영역에서의 부족함을 채워 준다. 은혜를 남용하는 것 또한 문젯거리이다. 우리 모두가 아는 것은 "훈련이 없는 은혜는 우리를 수치 가운데로 이끈다."라는 점이다. 이러한 것들이 실제적인 우리의 사역 현장 가운데 방해거리로 다가오는 것이다.

7. 팀워크, 그리고 목회적 돌봄의 결여 또한 주요한 요소들이다. 지난 수 년 동안 많은 선교단체가 이러한 영역을 개선해 왔다. 그러나 내가 분명히 확신하는 것은 고린도전서 13장의 실제 없이는 아무 것도 할 수 없다는 점이다. 우리는 특별히 그들이 장기 선교사로 사역지

에 가기 전에 그들의 삶 속에서 하나님의 은혜의 실제
를 증명해 주는 사람들이 필요하다. 단기 선교를 하는
것은 종종 이러한 방향으로 가는 커다란 행보이고 올
바른 방법이다. 단기 선교 사역은 사람들을 그들의 죄
들과 어려운 일들을 끊어 버리는 데 도움을 준다. 그러
한 이유 때문에, 젊은 시절부터 제자훈련을 하는 것은
매우 중요하다. "십대들의 캠프"Teen Street Camp*가 다른
여러 가지 행사들과 더불어 이러한 부분에서 도움이
될 것이라 믿는다.www.teenstreet.org

8. 고국에서의 문제와 어려움들이 있다. 이메일을 사용
하게 되면서 선교지에 있는 사람들은 여전히 고국에서
일어나는 일들에 관여하게 된다. 파송교회의 분열과
같은 문제는 이들에게 영향을 끼치고, 종종 선교비 후
원이 어려워져 고국으로 돌아올 것을 요청받는다.

---

* 'Teen Street Camp'는 오엠이 1990년 중반부터 십대 청소년들을 말씀으로 가르치고 선교 비전을
심어 주기 위해 실시한 청소년 선교 캠프이다.

9. 후원의 부족, 재정적인 어려움과 압박들은 많은 이들이 실제적으로 사역지에 가지 못하도록 한다. 그들은 재정을 모금하는 일들을 싫어하고 실제로 실천하지 못하기 때문에 사역지로 떠나는 시도조차 하지 못한다. 이것은 매우 중요한 사실이고 솔직하게 말하고 싶지 않은 문제이기도 하다. 그 문제와 복잡함은 끝이 없기에 거룩한 긍정의 세례가 내려지기를 바란다. 당신에게 묻고 싶다. "당신의 부족한 재정이 하나님의 일을 하는 데 방해가 되는가?"

10. 사단과 그의 세력들은 또 다른 요소들이다. 우리는 사단에 대해 너무 강조하고 싶지 않다. 그러나 성경의 많은 곳에는 사단에 관해 강력하게 말하는 구절들이 있다. 사단은 군사적으로 세계복음화에 대항하고 반대한다. 그는 아주 율법적이고 잘못된 하나님에 대한 관점을 심는 일을 좋아한다. 성경은 사단이 "광명으로 가장한 천사"로 우리에게 다가온다고 말한다. 그리고 삼킬 자를 찾는 우는 사자와 같다고 한다. 그러

기에 그 어떤 것으로 여러분이 부르고 싶던 간에, 성령충만함으로 하나님과 동행하는 것이야말로 하나님의 뜻 가운데 머무르는 가장 중요한 방법이다.

균형을 유지하라

우리는 균형을 강조하려고 노력해 왔다. 그러나 우리 삶의 많은 영역에서 그것이 참으로 쉽지 않다는 사실을 발견한다. 나의 가장 커다란 고민과 갈등 중의 하나는 은혜와 훈련의 문제이다. 아마도 여러분 중 어떤 이들은 이것이 전혀 문제가 되지 않을 것이라고 생각할 수 있다. 하지만 나는 아마도 당신이 그 문제와 실체들을 제대로 바라보지 않았기 때문이라 생각한다.

우리에게는 기초적인 법과 또 실천할 수 있는 규칙이 필요하다. 믿지 않는 사람들은 이것을 알기에 많은 규칙들과 법을 만들어 낸다. 내가 살던 곳에는, 만일 개가 도로를 더

럽히면 50파운드의 벌금을 내야 했다. 내가 내 딸의 개와 함께 산책할 때, 나는 작은 비닐봉지를 갖고 다녔다. 내가 너무 율법적인가?

분명한 진실은, 당신이 어떻게 '은혜에의 각성'을 경험하든지, 그리고 '넓은 포용의 마음'을 갖고 있든지 간에, 우리는 여전히 가장 기본적인 규칙을 지키는 것을 배워야 한다는 것이다.

기본적인 도덕적 측면에서도 우리는 하나님의 능력 안에서 '규칙을 지키는' 모든 노력을 기울여야 한다. 우리는 아주 단순한 규칙을 지키지 않아서 사고로 죽은 사람들을 보아 왔다. 교통사고는 빈번히 일어나는데, 운전자의 시야나 마음이 도로에서 벗어나는 순간 발생한다. 나는 더 늦기 전에 우리에게 이 영역에서 '깨어남의 알람'이 필요하다고 믿는다.

중요한 사실은 당신이 그리스도인이든 아니든 간에, 어느 누구도 이러한 기본적인 규칙을 벗어나거나, 법을 지키는 훈련 없이는 잘 살 수 없다는 것이다. 우리는 많은 생각을 하고 노력을 기울여야 한다. 우리는 반드시 시간과 일을 잘 체계화해야 한다. 우리나라, 도시 그리고 직장의 기본적인 법과 규칙을 반드시 알고 지켜야 한다. 우리가 죄를 짓거나 실수를 할 때, 특히 하나님과 때때로^{항상은 아니지만} 사람들에의해 용서받을 수 있다.

내가 인정하기는 힘들지만, 우리는 때때로 너무 많은 책을 읽는다. 특별히 어떤 특정한 종류의 책을 읽기도 하는데 우리는 그 책을 잠시 내려놓고 현실로 돌아와야 할 필요가 있다. 어떤 경우에는 이것이 믿지 않는 사람들보다 '영적인 마음을 가진' 사람들에게 더 어려운 일일 수 있다.

우리는 우리의 행동과 삶에 모든 책임을 져야 한다. 하나님, 친구, 시스템, 때로는 악한 귀신들을 원망하는 것을 멈추어야 한다. 영적인 말을 하면서 '이를 악물고' 우리의 삶을 정돈하고 훈련해야 한다. 모든 운동경기자들^{히 12장을 읽으라}은 특별히 그들의 몸을 잘 단련시킨다. 그들은 최고의 것을 얻기 위해 목표를 두고 훈련하는 것이다. 하나님 안에서 마라톤 경주를 하는 우리들도 이와 같아야 한다. 더 이상 변명하지 말자.

균형은 우리가 특별히 다른 사람들이 죄를 짓거나 실패

했을 때, 어떤 경우에는 큰 해를 끼치는 요인이 될 수도 있을 때 우리가 어떻게 반응하느냐에 달려 있다. 하나님의 사람으로서 우리는 사랑과 은혜로 반응해야만 한다. '은혜에의 각성'의 해결 방법을 반드시 찾아야 하며, 위기와 문제에서도 경건한 태도를 보여야 한다. 그 사람들에게는 훈련이 필요할 수도 있다.

하나님의 일을 하는 데 있어서 우리는 가장 기본적인 규칙이 필요하다. 그리고 우리가 그것을 어겼을 때, 그 결과를 받아들일 수 있는 성숙함이 있어야 한다. 내 마음을 아프고 힘들게 하는 말이 있다. "용서를 받는 것이 허락받는 것보다 훨씬 쉽다." 어떤 일을 시작할 때부터 잘못 하는 것을 염두에 놓다니 정말 놀라운 일이다. 사단은 그 부분에서 큰 성공을 거두었다. 그러나 기억하라. 만일 세상의 직장에서였다면 아마 해고를 당했을 것이다.

우리는 지난 30년 동안 배를 통해 중요한 교훈을 얻었다. 그중 하나는 사람들이 심각한 죄의 길에서 걸어 나오면 우리가 그들을 용서할 것이라는 사실이다. 한 가지 분명한 것은 모든 죄는 심각하다는 점이다. 나는 몇 년 전에 어떤 일을 한 사람에게서 편지를 받았다. 그는 그 후로부터 그의 삶이 완전히 엉망이 되었다고 말했다.

우리의 삶은 그 자체가 매우 어렵고 힘들다. 그러나 변명하는 것을 멈추면 우리의 삶은 더 나아지게 될 것이다. 자원하는 마음으로 기독교 사역을 하면서도 우리는 매우 쉽게 단체나 팀, 또는 리더를 원망한다. 그들의 죄와 실패에 우리가 어떻게 반응해야 할지는 정말 알기 어렵다. 어떤 상황에서는 어떤 쉬운 해결점도, 모두가 승리하는 방법을 찾는 것도 불가능해 보인다. 어떤 경우에는 단순히 '피해를 처리하는' 것일 수 있다.

보편적인 여러 상황에서는 해답이 없거나 모두가 충족할 수 있는 결과를 찾는 것이 힘들 수 있다. 때때로 이것은 단순히 불가피한 손실이기도 하다. 우리의 사역에서 누군가에게 물러나길 요구할 때, 그가 부당하다고 여기거나 누군가를 험담하는 문제들을 만나기도 한다. 그렇다. 이것이 하나님의 사역의 시작이다.

우리는 지속적으로 하나님의 은혜를 강조해야 한다. 하나님께서 언제나 그들을 사랑한다는 사실을 사람들에게 알려야 한다. 심지어는 그들이 죄를 짓고 실패할 때라도 말이다. 어떤 사람이 죄를 짓거나, 심지어 살인한 경우에도 하나님은 용서하실 수 있다는 사실을 보여 주어야 한다. 법률 제도상의 용서와는 달리, 범죄자, 심지어 살인자일지라도 하나님 안에서 용서받을 수 있다. 우리가 정의와 심판을 이해하려 할 때, 균형을 이루려는 그 싸움은 더욱 복잡한 것이 된다.

사랑과 용서를 강조할 때, 우리의 모든 관심과 돌봄 그리고 은혜에 대한 상담, 사랑과 용납, 이 모든 것을 큰 그림 안에서 그릴 수 있도록 노력해야 한다. 어떤 그리스도인의 값싼 조언이 때로는 모든 상황을 더욱 복잡하게 할 수도 있다. 우리가 깨달은 것은 하나님께서 약하거나, 도움이 필요하거나, 버림받은 자를 사용하신다는 사실을 전하는 것과 그들과 한 공동체 안에서 함께하고 심지어 그들을 지도자로 세우는 것은 다른 문제라는 것이다. 우리는 이러한 모순과 역설을 다루고 있는가?

물론, 이것은 정말로 커다란 도전이고, 여러 면에서 전적으로 동의할 수는 없다. 그러나 나는 당신이 이 글을 읽고 놀라운 균형과 실제성과 모든 면에서 지속성을 유지할 수 있기를 기도한다. 만일 내가 너무 큰 것을 바라는 것이라면 용서해 주기를 바란다.

이 책은 조지 버워가 지난 50여 년에 걸쳐 열정적으로 전했던 메시지들을 모아 출판한 것이다. 오엠의 시작과 초창기 역사 그리고 폭발적인 성장 과정을 읽으며 하나님의 놀라운 역사를 목도할 수 있다.

조지 버워는 오엠 총재직에서는 은퇴했지만 여전히 전 세계를 다니며 변함없는 열정으로 희망의 메시지를 선포하고 있다. 수많은 사람이 그의 메시지를 직접 듣고 큰 은혜와 강한 도전을 받았는데 이제 책으로 다시 읽을 수 있게 되었다. 비록 약하지만 하나님이 주시는 비전과 열정에 붙잡힐 때 그분의 강한 도구로 쓰임 받을 수 있다는 희망의 메시지를 담고 있다. 조지 버워는 자신이 선포한 메시지를 몸소 실천한 산 증인이시다.

나는 1986년에 오엠 사역을 시작한 이후부터 조지 버워와 개인적 친분을 갖고 교제를 나눌 수 있는 축복을 누렸다. 여러 행사와 집회에서 통역으로 섬길 수 있었고, 그분 가까이에서 많은 것을 보고 배울 수 있었다. 특별히 한국인들을 향한 특별한 사랑을 갖고 눈물로 기도하는 모습을 보고 큰 감동을 받기도 했다. 그분이 전 세계 수많은 사람에게 선한 영향을 끼친 것처럼 내 삶에도 멘토와 롤 모델로서 지대한 영향을 끼쳤다.

평생 문서선교의 비전과 열정을 가지고 사셨던 예영커뮤니케이션의 김승태 장로님께서 생전에 이 책을 출판될 수 있도록 후원해 주신 것을 진심으로 감사드린다. 이 책을 통해 식어져 가는 한국 교회의 선교 열정이 다시 살아나고, 한국오엠은 오엠 정신을 새롭게 계승하기를 바란다. 오늘날 시대적 상황은 많이 바뀌었고 한국 교회가 절망을 말하지만, 변함없는 하나님의 말씀과 복음의 열정으로 새롭게 회복하고, 주님께서 허락하시는 위로와 희망의 메시지로 다시 일어나길 소원한다.

이영규

역자 후기

글을 통해 누군가를 만나는 기쁨은 대단하다. 그러나 그 사람이 쏟아낸 글들이 실제의 그의 삶과 일치되는 것을 가까이서 보게 될 때 더 놀라운 경외감이 생긴다. 1989년 처음 조지 버워를 만나고 오엠 사역을 하는 동안 몇 차례의 만남이 있었지만, 가장 가까이 그를 볼 수 있었던 것은 내가 영국 런던에서 터키인 교회 사역을 할 때이다. 나는 그의 솔직 담백함에 놀랐고, 또 자신의 실수에 대해 상대가 누구이든지 간에 진심 어린 사과를 하는 모습에 충격을 받았다.

그가 6천 명이 넘는 선교사들이 사역하는 국제단체의 총재라는 것도, 국제적인 선교 지도자라는 것도 믿기지 않았다. 그는 늘 예수 그리스도의 십자가와 한 영혼을 구하려는 구령자의 모습을 보여 주었다.

특히 이 책은, 오랜 삶과 사역에서 비롯된 혜안과 삶의 지혜 그리고 변함 없는 열정과 균형을 유지하려는 그의 모습 속에서 앞으로 하나님 나라를 위해 우리가 어떻게 살아가야 할지를 알려 주는 시금석이 될 것이다.

특히 1989년 내가 처음 오엠 선교사로 나갈 때 선교사로 사는 삶의 기초를 놓아 주신 이영규 선교사님이 이 책을 함께 번역할 수 있는 기회를 주신 것에 감사하다.

이곳저곳에서 기본과 원칙이 무너지는 소리를 듣고 모습을 보게 되는 이때에, 주님께서 주신 비전과 사명을 붙잡고 끝까지 믿음의 경주를 하는 조지 버워의 삶과 그의 살아 있는 간증을 여러 사람들과 함께 나눌 수 있게 되어 매우 기쁘게 생각한다.

송재홍